走进"一带一路"丛书

浙江省社科联社科普及课题（22KPWT06ZD-21Z）

东南亚的翡翠之国
缅甸

赵春兰
　　　　著
[缅甸]伍庆祥（Hein Khaing）

浙江工商大学出版社
ZHEJIANG GONGSHANG UNIVERSITY PRESS

·杭州·

图书在版编目(CIP)数据

东南亚的翡翠之国:缅甸 / 赵春兰,(缅)伍庆祥
(Hein Khaing)著 . 一杭州:浙江工商大学出版社,
2023.9
(走进"一带一路"丛书)
ISBN 978-7-5178-5136-3

Ⅰ. ①东… Ⅱ. ①赵… ②伍… Ⅲ. ①缅甸—概况
Ⅳ. ①K933.7

中国版本图书馆 CIP 数据核字(2022)第 177852 号

东南亚的翡翠之国——缅甸
DONGNAN YA DE FEICUI ZHI GUO——MIANDIAN
赵春兰 ［缅甸］伍庆祥(Hein Khaing) 著

出 品 人	郑英龙
策划编辑	王黎明
责任编辑	沈敏丽
责任校对	何小玲
封面设计	朱嘉怡
责任印制	包建辉
出版发行	浙江工商大学出版社
	(杭州市教工路198号 邮政编码310012)
	(E-mail:zjgsupress@163.com)
	(网址:http://www.zjgsupress.com)
	电话:0571-88904980,88831806(传真)
排 版	杭州朝曦图文设计有限公司
印 刷	杭州高腾印务有限公司
开 本	880 mm×1230 mm 1/32
印 张	5.875
字 数	132千
版 印 次	2023年9月第1版 2023年9月第1次印刷
书 号	ISBN 978-7-5178-5136-3
定 价	59.80元

走进“一带一路”丛书顾问委员会

丁喜刚　新华社前驻达喀尔分社首席记者

王　波　新华社前驻伊拉克共和国、科威特国、沙特阿拉伯
　　　　王国和巴林王国分社首席记者

刘咏秋　新华社驻罗马分社记者,前驻希腊共和国、斯里兰
　　　　卡民主社会主义共和国分社记者

陈德昌　新华社前驻希腊共和国分社、塞浦路斯共和国分社
　　　　首席记者

明大军　新华社前驻曼谷分社、驻耶路撒冷分社首席记者

章建华　新华社驻堪培拉分社首席记者,前驻喀布尔、河内
　　　　和万象分社首席记者

特别顾问

马晓霖　浙江外国语学院教授,环地中海研究院院长

走进"一带一路"丛书编委会

‖目 录‖

开篇

　　提起缅甸，我们总会先想到缅甸的翡翠，从古至今，在中国，上至帝王将相下至平民百姓都对缅甸翡翠爱不释手、偏爱有加。缅甸生产的翡翠，不论是产量还是质量都是世界第一。所以，中国人常以"翡翠"来代指缅甸。这也是我们这本书的书名——《东南亚的翡翠之国——缅甸》的由来。然而，缅甸人本身对翡翠并不特别看重。缅甸人最钟情的是黄金。缅甸佛教徒们使用金箔来装饰佛塔与佛像，也习惯用黄金来形容许多具有重要价值的事物，如金文（指极具价值的文学作品）、金语（指极具启发意义的话语）、金手艺（指极高的手艺）、金药（指仙丹妙药）、金国、金城、金缅甸。

　　提起缅甸，我们常常以"胞波"称之。"胞波"是缅语的音译，意思是共同出生的伙伴，即兄弟姐妹的意思。也就是说，我们称缅甸为兄弟（胞波），将中缅关系称为兄弟情谊，由此可见中缅两国对彼此关系的重视。

　　提起缅甸，我们会误以为缅甸是"吴"家和"杜"家的天下。因为缅甸史书和新闻中常常出现的名字，比如缅甸领导人吴努、吴奈温、吴登盛、吴温敏等人都姓"吴"，而他们的妻子都姓"杜"。缅甸最知名的政治人物是"独立之父"昂山将军和她的女儿昂山素季，许多人由此认为"昂山"也是个大姓。实际上，这些都是对缅甸文化的误解。缅甸是个有名无姓的社会。我们看到的"吴"和"杜"其实是缅甸名字的前缀尊称的翻译，"吴"

的意思是"叔叔",是对所有成年男性的尊称。"杜"的意思是"阿姨",是对所有成年女性的尊称。而且,这种名字前缀会随着年龄的增长而改变。在少年时期,缅甸人会在男性名字前加上"貌",意思是弟弟;在女性的名字前加上"玛",意思是姐姐或妹妹。到了青年时期,男性名字的前缀则又改为"哥",意思就是哥哥;女性则继续沿用"玛"。步入中年后,男女的名字前缀才改为前面所说的"吴"和"杜"。

那为何昂山将军的名字前没有"吴",昂山素季的名字前没有"杜"呢?因为根据缅甸军队文化,习惯以军衔替代"吴",所以昂山将军、奈温将军、丹瑞大将、敏昂莱大将等都省略了"吴"的前缀尊称(在缅语中,军衔与"吴"一样是在名字前面)。当他们退伍后才会重新使用"吴"字。而昂山素季之名前不加"杜",是英文直译之故。在英缅翻译中,习惯将所有"吴""杜""哥""貌""玛"等前缀省略,而早期中国是根据英文的缅文翻译对昂山素季之名进行中文翻译的,因此根据习惯就没有了"杜"字,但在缅语中,称呼包括昂山素季在内的所有成年女性时,"杜"字是不可或缺的。

总之,缅甸人的名字前缀会随着年龄和职业发生变动。以昂山将军为例,他在少年时期被称为貌昂山,上大学时被称为哥昂山,担任军职后被称为将军昂山,退伍后被称为吴昂山。同样地,昂山素季在小时候被称为玛昂山素季,成年后则被称为杜昂山素季。另外,由于没有姓氏,一些人特别是已有成就的人士,倾向于在自己子女名字中加上自己的名字,如昂山将军就为自己的女儿取名为昂山素季。父母的名字也可以加在子女名字的后面,如缅甸首任总理吴努就为自己的女儿取名为丹丹努。因此,将"昂山"误以为是"姓",以"昂山"来简称昂山素季是错误的。同样,以"吴"和"杜"来简称任何缅甸人也都是错误的。

提起缅甸，我们总将它与"贫穷""落后"联系在一起，但是在20世纪三四十年代，缅甸曾经是亚洲最富裕的国家之一。缅甸自然条件优越、资源丰富，受时代影响，当时的缅甸国家各项基础建设领先亚洲大多数国家。当时，缅甸还保持着世界上最大的大米输出国的地位。但是，今天，缅甸却成了世界上"最富裕的贫穷国家"。为什么能将"贫穷"与"富裕"这两个最为冲突的词语组合在一起形容今天缅甸的国内情况呢？

提起缅甸，一方面它被联合国定为"最不发达国家"之一，但同时，缅甸也被各种调查机构誉为"世界最慷慨国家"之一。2016年慈善援助基金会曾做过世界捐款指数的统计，缅甸凭借有91%的居民曾向慈善组织捐款，连续3年位于慈善榜首。当然，这也与当地佛教所倡导的乐善好施的理念直接相关，在点灯节等大型佛教节日期间，绝大多数缅甸人都会到寺庙中布施。

提起缅甸，我们自然又会想到缅甸人口的80%以上信仰佛教，是个心性极其平和的国家。但自1948年独立以来，缅甸国内接连不断爆发地方性内战。近年来，缅甸西部的若开邦还发生了民族宗教冲突。以上这些故事的来龙去脉、曲折跌宕，我们都将在后文里详细展开。

缅甸，既是中国的邻居，也是最亲密的"胞波"，但我们真正了解它吗？一方面，缅甸政治、经济、社会发展本身就极为复杂；另一方面，也确实是因为中国国内对缅甸的宣传介绍不够充分，最终让我们对缅甸这个邻居、"胞波"知之甚少，甚至我们自以为了解了缅甸，但与事实相去甚远。为了让国人能够更直观、更全面、更真实地了解缅甸，本书基于缅语资料，加上对缅甸各界人士的访谈，以更为本土化的视角向国人介绍缅甸的前世与今生。

上篇

缅甸历史中的辉煌与创伤

中文里的缅甸和缅文里的中国

当我们谈起缅甸时,总会说中国与缅甸是"胞波"关系。"胞波"实际上是缅语(ပေါက်ဖော်)的音译,直译为"一起出生的同伴",即兄弟姐妹的意思。而"缅甸"之名则是音译后再创作而来的。其中"缅"是取自缅族的自称"缅玛"(မြန်မာ)的音译首字,由于缅甸地处中国遥远的西南方,因此加上了比喻遥远郊外的"甸"字,形成了"缅甸"之名。如果我们看缅甸的英文名时则又会发现有两种叫法,即"Myanmar"和"Burma"。这是为何?

为了解答这个问题,我们要回溯缅族之名的产生与转变的历史。在公元7—9世纪,今天被称为"缅玛"的人群从滇藏地区南下,进入今天的缅甸腹地生活。在此之前,已有骠族和孟族长居该地。根据目前发现的最早的一块据传是公元1101年刻下的孟文石碑来看,这支新南下的族群被孟族称为"密惹玛"(မိရမာ)。当时的"缅玛"人没有自己的文字,因此也学习孟文,将自己称为"密惹玛"。由于缅语中没有"惹"这样的卷舌音,所以该名称就随着时间的流逝转变为如今的"缅玛"了。而不论是当时的孟族还是"缅玛"族,都与当时的印度在文化、宗教上交流非常密切。受到当时婆罗门教的影响,"缅玛"人也将自己和婆罗门教主神之一的梵天及最高种姓的婆罗门(ြဗဟ္မာ)比拟,将自己的名称改称为"巴玛"(ဗမာ)。最后,"缅玛"和"巴玛"两个名称都通用并流传了下来。后来,随着19世纪英国在缅甸的殖民时代的到来,英国选择了后一种名称将缅甸音译为"Burma"。这就是缅甸英文名"Burma"的由来。

1948年,缅甸独立后,在缅语上选择了"缅玛",英语则沿用"Burma"来称呼自己的国家。1988年,由于缅甸发生全国性社会动荡,军方接管政权成立了军政府后,将缅甸的英文国名统一为"缅玛"(Myanmar)。并将"巴玛"重新定义为特指"缅族"的族称。不过,缅甸人在口语上两种名称都会混用。而许多西方国家,则因为尚不承认军政府的合法性,至今坚持称缅甸为"Burma"。由于不同的政治和文化立场,不管是国际社会还是缅甸国内的不同团体,依然在 Myanmar(မြန်မာ)和 Burma(ဗမာ)的名称上各自坚持,争论不休。

那么缅甸又是如何称呼中国的呢?在今天的缅语中,中国被称为"德佑"(တရုတ်),而在古代则还有"祀那"(စိန)、"瑟"(စိန့်)、"犍陀罗娑"(ဂန္ဓလရာဇ်)、"德页"(တရက်)等名称。而且对于中国的皇帝,缅甸也曾称之为"乌迪波瓦"(ဥတည်ဘွား)。为何缅甸对中国的称呼与中国自身的发音差距如此之大呢?

根据缅甸已故华裔历史学家陈孺性(ဦးရည်စိန်)的考证[1],缅甸最早出现的称呼中国的名称为"祀那"(စိန)。"祀那"之名来自"秦"的音译。据陈孺性考证,秦始皇在统一六国后,曾想继续攻打滇国(如今的云南地区),为此而开通了两条自蜀国达滇国的通道。其中,自今天的四川宜宾出发的路一直通到了滇国的边境,而边境的另一边就是骠国(缅甸古国)。这条通道继续穿

---

① 陈孺性:《瑟国、犍陀罗、乌迪波瓦、德佑、德页等名称的来源考证》,《年林德玛萨巴得达杂志》1983年,第126—138页。(ဦးရည်စိန်၊ စိန်တိုင်း(စိန်ပြည်)၊ ဂန္ဓလရာဇ်တိုင်း၊ ဥတည်ဘွား၊ တရုတ်တရက် ဟူသော အမည်များ၏ ဆင်းသက်ရာကို ဇာတ်မြစ်၊ ညှက်လင်းဓမ္မစာပဒေသာ၊ ၁၉၈၃၊ စာမျက်နှာ ၁၂၆-၁၃၈။)

过骠国抵达古印度,原本基于军事目的开通的道路,后来成为重要的经商之道(即蜀身毒道)。蜀国、滇国、骠国、古印度的商人们沿着这条路进行商业贸易。古印度的商人们逐渐知道了在路的另一头有个"震旦"国(Cina,即印度语发音的秦国),而骠国人也随着印度称呼其北方的邻国为"祀那"(စိန),随着时间的推移,原本两个字的"祀那"(စိန)结合为一个字,变成了瑟(စိန်)国了。

更有意思的是,缅甸在古时也曾将中国称为"犍陀罗娑"(ဂႏၶာလရာၸ)。这个名称最著名的一个使用者是1948年缅甸独立后的首位总理吴努,他也曾是一位作家。1939年12月,吴努与缅甸代表团的其他成员一起访问中国后,将其在中国的见闻记录了下来,其书名即为《犍陀罗娑》。众所周知,"犍陀罗"是古印度北方的一个国名,为何会被用来称呼中国呢?

公元8世纪,在今天的云南地区共出现了6个"乌蛮"部落国家,这些国家被称为"诏"(意为天王),其中蒙舍诏最为强大,由于蒙舍诏地处南方,又称为南诏。开元二十六年(738年),在唐玄宗的支持下,南诏将其余5诏兼并,南诏王皮罗阁也被唐朝册封为云南王。皮罗阁死后,其子阁罗凤即位时,南诏的影响力已经覆盖了骠国与古印度东部的迦摩缕波国。

随着印度的佛教信仰传入南诏,根据一些佛教传说,"阿婆卢吉低舍婆罗"(即梵语的观世音菩萨)曾抵达南诏传法。无论如何,从南诏国的王公贵族到平民百姓,大量皈依佛教的信徒认为,佛教在南诏国曾有过极为辉煌的时期。正如上文提到的,与"缅玛"人曾因为向往印度的梵天而将自己改称为"巴玛"一样,骠国人也试图为南诏国取一个"印度"名。当时,印度北部的犍陀罗以佛教文化艺术兴盛而著名,由于同在骠国的"北方",且南诏与犍陀罗一样具有高山环绕的地貌,因此骠国开始将南诏称为"犍陀罗娑"("娑"音 Raj,印度语中意为统治、国王、王国等)了。而南诏对此名也是欣然接受。

骠国以及后来的蒲甘国(即缅玛族建立的第一个王国)是清楚"犍陀罗娑"和"祀那"的不同的,明白"犍陀罗娑"的北方还有个"祀那"国。后来,随着南诏覆灭,经过数百年后,缅甸史官们就逐渐将"犍陀罗娑"和"祀那"混淆了。有时以"犍陀罗娑"来称呼曾经被称为"祀那"的中国,有时则将两个名字结合以"犍陀罗祀那"来称呼中国。

也就在南诏被称为"犍陀罗娑"后,有一段时间,缅甸史书和文书中也将中国的皇帝称为"乌迪波瓦"(ဥတ္တည်ဘွား)。南诏国王阁罗凤起初与唐朝交好,但后来投靠吐蕃,并被吐蕃赐予"赞普钟"的封号,即吐蕃统治者赞普之弟。阁罗凤死后,其孙异牟寻即位,异牟寻又被吐蕃封为"日东王"。缅语中的"乌迪波瓦"(ဥတ္တည်ဘွား)正是从"日东王"音译而来。后来南诏灭亡后,当地的"夷人"又以"日东王"来称呼中原的皇帝,于是,缅甸也随之称中国皇帝为"乌迪波瓦"了。

最后再来讲讲今天缅甸称呼中国的"德佑"(တရုတ်)之名和曾短暂使用后来消失的"德页"(တရက်)的名称。缅甸人口中的"德佑"最早其实并不指如今以汉族为代表的中国人,而是指蒙古鞑靼人。公元 9 世纪,骠国被南诏国所灭后,"缅玛"人兴起并在蒲甘建立了首个"缅玛"族王国——蒲甘王国。到了公元13 世纪下半期,蒙古的势力已经逐渐扩张到了蒲甘。1271 年,当时的蒲甘国王那罗梯诃波蒂与元朝产生了一些纷争,1277—1278 年蒙缅战争爆发。蒙古军攻下蒲甘国的太公城与罕林城后,那罗梯诃波蒂王弃蒲甘而逃,不久即向蒙古投降。

　　根据陈孺性的研究,作为那罗梯诃波蒂王的使者,国师释第达巴茂克在赴云南求和前,在被蒙古侵占的太公城见到了随蒙军而来的西藏喇嘛。当时蒙古还广泛使用鞑靼之名,而鞑靼在藏语里则称为"鞑虏"(Drug),因此释第达巴茂克也随着喇嘛们称呼蒙古军为"鞑虏"人。

　　虽然蒲甘人很清楚"鞑虏"人和"祀那"人的区别,但随着后来元朝的建立,加之蒙古对缅玛人所造成的历史创伤,当蒲甘灭亡进入阿瓦时代时,缅玛人已经统一将其北方的邻国称为"德佑"(တရုတ်)了。而那罗梯诃波蒂王也被后世称为"德佑别敏"(တရုတ်ပြေးမင်း,意为逃避"德佑"之王)。随着历史推进,中国进入清朝后,在乾隆年间也与缅甸的最后王朝贡榜王朝发生过战争。这时贡榜缅甸人发现清朝人与此前的"德佑"并不一样,于是对原来的"德佑"(တရုတ်)之名做了一些发音上的改动,创造出"德页"(တရက်)一词来称呼清朝人。不过,后来还是统一称为"德佑"(တရုတ်)了,并且这个名字一直流传至今。

骠国乐里的中缅建交史

　　2014年，中央电视台播放了一部中缅合作电视剧《舞乐传奇》，讲述公元802年骠国王子舒难陀出使大唐献乐，一段发生在献乐途中的大唐、南诏、骠国之间荡气回肠的传奇故事。虽然电视剧里有许多属于艺术创作的情节，但骠国派遣使团出使大唐献演歌舞在历史上确有其事。而且这也被认为是目前所知的中缅最早的外交往来记录。

　　唐朝诗人白居易就为这次罕见的歌舞写下了一首新乐府诗《骠国乐》，记录了当时的歌舞表演和骠人形象的许多细节：

骠国乐·欲王化之先迩后远也

贞元十七年来献之

白居易

骠国乐，骠国乐，出自大海西南角。

雍羌之子舒难陀，来献南音奉正朔。

德宗立仗御紫庭，鞨鼓不塞为尔听。

玉螺一吹椎髻耸，铜鼓千击文身踊。

珠缨炫转星宿摇，花鬘斗薮龙蛇动。

曲终王子启圣人，臣父愿为唐外臣。

左右欢呼何翕习，皆尊德广之所及。

须臾百辟诣阁门，俯伏拜表贺至尊。

伏见骠人献新乐，请书国史传子孙。

　　时有击壤老农父，暗测君心闲独语。

　　闻君政化甚圣明，欲感人心致太平。

　　感人在近不在远，太平由实非由声。

　　观身理国国可济，君如心兮民如体。

　　体生疾苦心憯凄，民得和平君恺悌。

　　贞元之民若未安，骠乐虽闻君不欢。

　　贞元之民苟无病，骠乐不来君亦圣。

　　骠乐骠乐徒喧喧，不如闻此刍荛言。

　　骠国是目前所知缅甸最早的城邦国家。然而，缅甸本身对骠国的历史知之甚少，有关骠国最丰富的历史文献反而只有在中国才能找到。缅甸历史学家们需要通过中国的文献来重新发现骠国。而理解骠国历史对于理解缅甸非常重要。为什么这么说？缅甸历史学界普遍认为，在缅族建立蒲甘王国开启"缅甸时代"前，当时的缅甸主要有骠国和孟国两大文明。骠人如今已经消失，而孟族依然存在。然而，对于"缅甸时代"前的历史，缅甸自己却没有丰富的文献和考古资料遗留下来，以至于孟族人认为一些所谓骠国城市被历史学界"张冠李戴"，实际上都是古代孟国的领土，并认为孟国历史比骠国更加久远。

　　一个反映了这种民族主义历史情怀的案例是，2012年缅甸文化部下属历史学会举小骠国历史研究成果发布会时，部分内容引来了大量孟族民族主义者的反对，反对者们甚至将这些研究"告上"了当时的人民院，要求人民院议长立即取缔这个发布会。而孟族人这样的反应也恰恰说明了骠国历史的重要性。

　　骠国的位置与领土就是学界至今难以完全解答的难题，一般认为骠国位于如今缅甸的中部与北部地区。这个说法可以从中国的历史文献中得到支持。

如,《三国志》中曾提到了一个"盘越国":"盘越国一名汉越王,在天竺东南数千里,与益部相近。"既然位于天竺(印度)的东南方向,并与益部(应该也是印度的别名)相近,有理由相信这里的"盘越国"就是骠国了。根据陈孺性的解读①,"盘"通"梵",而中国佛经中常将梵语中的°๛(°๛Ivastu 意为土地或物体)音译为"越",因此"盘越"即"梵之地";而"盘越"又称"汉越"的说法,陈孺性认为是因为汉(漢)与漂(骠的另一写法)字形近,有可能是随着辗转录入把"漂"误写为"汉"的缘故。因此,汉越,即漂越,即骠之地。

与《三国志》的含糊不清不同,《旧唐书·南蛮西南蛮·骠国》与《新唐书·南蛮下·骠》等则是明确地介绍了"骠国"。如《旧唐书·南蛮西南蛮·骠国》是这样描述骠国的:骠国位于永昌故郡(位于如今的云南)的南部2000多里,要抵达骠国首都则有14000里。骠国国境东西3000里,南北3500里。在骠国的东西南北四方为真腊国、天竺国、溟海与南诏……与聘迦罗婆提等20国有来往,有9个边防要塞和290个部落。国王名为摩罗惹,国相名为摩诃思那,国王出行时会乘坐金绳床,路途遥远则会乘坐大象,嫔妃有数百人。城墙以泥砖构成,长160里,壕沟也是以泥砖构成,传说之前是佛陀的舍利城。城内有数万人家居住,并且有数百座寺庙。……男女7岁就要落发入佛门,如果20岁时还不悟佛理才能重留长发还俗。一般只以红白相间的布匹绕腰而已,不穿真丝,因为真丝出自蚕,不愿伤生。

《新唐书·南蛮下·骠》则对"骠"的名称做了详细的介绍:

---

① 陈孺性:《古代中国所知的骠国之名、骠国之地》,《雅丹那孟德玛杂志》1982 年,第 41—43 页。(ဦးရည်စိန်၊ ရှေးတရုတ်တို့ သိခဲ့သော ပျူနိုင်ငံအမည် ပျူလုတ်နဲ့ ဖြတ္တာဝတ်၊ ရတာနာမွန်မွေဓမ္မဂျင်း။ ၁၉၈၂။ စာမျက်နှာ ၄၁-၄၃။)

"骠"在古代称为"朱波",其人又自称为"突罗朱",而阇婆国(即如今的爪哇)人则叫骠人为"徒里拙"。我们目前还无法知晓,为何骠会有以上这些差异极大的名称,但是缅甸著名历史学家丹吞博士曾介绍①,蒲甘王国的第三任君主江喜陀王的建宫碑文中曾描述宫前有密惹玛人(即缅族)和"狄惹素"人(တိရစ္ဆလ် T. rsul)歌舞的情境,因此《新唐书》所说的"突罗朱"或者"徒里拙"应当都是指当时的骠人。

这样一批给如今留下许多谜团的骠国人是如何出使大唐献上歌舞的呢? 丹吞博士指出,骠乐团并非自主出使大唐,而是作为南诏进贡团的一部分北上。因为公元764年,南诏国已经将骠国收为附属国了。不过,从骠国国王让自己的王子舒难陀和大将摩诃思那率领歌舞团进献的规格来看,骠国极有可能希望通过这次献乐直接与大唐建立关系。骠乐团于公元801年自骠国都城出发,途中曾在大理和成都短暂休息,一直到公元802年2月13日才抵达长安,除去逗留大理和成都的日子,全程共花费了214天。

骠乐团所献的歌舞音乐也只能通过《新唐书·卷二十二·志第十二·礼乐十二》得知,据说乐团共带来了35人、8种乐器、12支歌舞,歌舞内容多与佛教典故有关且曲风与印度接近。

骠国的这次献乐换来的是唐德宗致骠国国王的回函。因此,这次献舞不仅仅是一场文化艺术的交流,还具有更重大的意义:古代缅甸首次跨越了南诏国,与"祀那"国唐朝建立了直接的"外交关系"。

---

① 丹吞:《骠去哪里了》,室利绥出版社2015年版。(ဒေါက်တာသန်းထွန်း၊ ပျူတွေဘယ်ပျောက်သွားသလဲ၊ သီရိဆွေစာအုပ်၊ ၂၀၀၅။)

缅玛三大王国

　　随着骠国在南诏的入侵下逐渐消亡，一个新的文明开始在缅甸中部崛起，并不断拓展疆域形成了今天的缅甸。这个新的文明就是缅玛族文明。缅玛人在骠国后建立了三个强大的统一王国，分别是蒲甘王国、东吁王国与贡榜王国。这三个王国也被后世称为第一缅玛王国、第二缅玛王国、第三缅玛王国。而在缅甸一些重要场所，如国家博物馆、国防大学前总会看到三座古装人像。他们分别是蒲甘王国的开国皇帝阿努律陀王、东吁王国的开国皇帝莽应龙王、贡榜王国的开国皇帝雍籍牙王。三个王朝标记着缅玛人的辉煌历史，三位开国君主象征着缅玛人的文化骄傲。

　　那么缅玛人又是如何出现在缅甸大地上并取代骠人和孟人的呢？根据缅甸历史学家丹吞博士的说法[1]，缅玛文化的起源最早可追溯至如今的中国甘肃。丹吞博士认为缅玛的前身就是《后汉书》里记载的西羌人。羌人们在与中原的不断碰撞中，不停往南方迁徙，先是迁至巴蜀地区，后又来到了滇国一带。由于当时南诏的兴起，古缅玛人的迁徙旅程中断了一段时间。后来，随着南诏对骠国的入侵，大约7世纪左右，一部分古

---

　　① 丹吞：《蒲甘朝缅甸历史（公元1044－1288）》，蒲甘公主出版社2019年版。（ဒေါက်တာသန်းထွန်း၊ ပုဂံဆက် ပုဂံခေတ် မြန်မာရာဇဝင် (အေဒီ၁ဝ၄၄-၁၂၈၈)၊ Bagan Princess Publication၊ ၂ဝ၁၉။）

缅玛人也进入缅甸北部。到了9世纪,南诏也开始式微,古缅玛人便大规模地向南迁徙进入了如今缅甸的中部地区。

来到缅甸的古缅玛人,积极地向当地的骠人和孟人学习文化。当时印度的婆罗门文化也比较盛行,所以缅玛人,也将婆罗门/梵天之名借用过来,自称"巴玛"。骠人和古缅玛人都属于藏缅语系,而孟人属于孟高棉语系。但当时没有文字的古缅玛人却借用了孟人的文字,来记录自己的语言。一些缅甸史学家认为,有可能缅玛人来到缅甸腹地时,与孟文化接触得更早。另一种说法则认为,可能是孟文比骠文更简单、易上手。

同时,缅玛人与骠人和孟人又存有竞争关系,他们起初从孟人手上夺取了几个城市并壮大起来,最后在骠国的蒲甘(意为骠村)建立了第一个缅玛王国,从此,缅玛的时代就在缅甸的大地上展开。

阿努律陀与第一缅玛王国蒲甘

缅甸历史教科书上将蒲甘王国起止时间定为公元1044—1297年。1044年也是阿努律陀王登基之年。但是根据一些史书记载,在阿努律陀王之前200多年,蒲甘作为缅玛人的城邦国家已经出现了。据说是由首个缅玛王彬比亚王(846—878年)建立的蒲甘王朝。而之所以将阿努律陀王作为蒲甘王国的开国君王,是因为蒲甘在阿努律陀王时代才真正强大起来,从城邦国家发展为幅员辽阔的统一王国。

蒲甘国虽是由缅玛人所建,但蒲甘城则是早在骠国时代就已有之。有学者认为,蒲甘应是骠国在室利差呾罗、毗湿奴与罕林等衰败或毁灭后建立的最后一个都城。蒲甘之名起初并不是正式的名称,而只是当地人的称呼,意为骠之地,可证明蒲甘最初是骠人建立和居住的地方。而蒲甘的正式名称为"担泊迪巴",意为铜城。这两个名称都可以在中国古代文献中发现。如《汉书·地理志》中就有夫甘都卢国,这里的夫甘应该就是蒲甘。而在《新唐书·南蛮下·骠》中,记载了骠国有298个部落,其中有名的32个部落中,就有"担泊"之名。

由于缺少历史文献,历史学家们对阿努律陀王之前的历史知之甚少。仅有一些难辨真假的传说流传下来。

根据历史传说,阿努律陀王是宫错王第三个王妃所生之子。宫错王与另两个王妃生有基梭(又译弃须)与须迦帝(又译叟格德)。基梭与须迦帝有一次趁建设了一座白色的新寺庙,邀请宫错王前去观礼之际,逼迫宫错王在白寺退位出家,使基梭成为新一任国王。宫错王因此也被后世称为姜漂王(意为白寺王)。基梭有一次在森林中猎鹿时,被一个猎人的箭误伤而死。于是须迦帝即位。须迦帝有一次召见了比自己年幼20多岁的阿努律陀,并称呼阿努律陀为"儿弟"。阿努律陀不解,到白寺询问父王,姜漂王解释说这是须迦帝表示希望将阿努律陀的母后纳为后妃的意思。

阿努律陀听后勃然大怒,于是产生了推翻须迦帝的想法,在其父王的指示下,阿努律陀当天就离开蒲甘到达布巴山召集姜漂王的旧部。不久后,阿努律陀就率领军队打回蒲甘,向须迦帝挑战:或交出王位,或开战。须迦帝大怒之下与阿努律陀骑马决斗,被阿努律陀打败。随后,阿努律陀回到白寺,请父王恢复王位,但其父王以年事已高的理由拒绝复位,于是阿努律陀王成为蒲甘的新一任国王。

阿努律陀王(1044—1077年)是目前缅甸最早的拥有同时代文献可考的国王。虽然后世称其为阿努律陀(အနော်ရထာ),但在当时流传下来的一些佛像上,我们看到阿努律陀都自称为阿尼虏轵(အနိရုဒ္ဓ),意为"不可阻挡"。

　　阿努律陀王除了因为是缅玛族的第一个强大国王而受到后世尊崇外,还因为同时也是将上座部佛教在缅甸发扬光大之人而受到尊崇。公元1057年,阿努律陀王打下了南方孟人的直通王国。根据一些缅甸历史教科书上所说,阿努律陀王当时开始信奉上座部佛教,而孟族拥有孟文写就的佛教经典三藏。阿努律陀王要求孟人将三藏献出,孟人不肯,因此阿努律陀王下令攻打了直通王国。不过,丹吞博士认为,阿努律陀王的真正用意还是为了扩大国土。而能攻打下直通则又有机缘巧合之处。当时孟人的直通王国与其北部的掸族势力常常发生矛盾,国力日渐衰落,因此才被阿努律陀王乘虚而入打下。打下直通后,阿努律陀王继续将西部的若开和东部的掸人地区也纳入了蒲甘版图。

　　阿努律陀王将直通打下后的一个间接好处是,得以跨过海洋与锡兰(即今天的斯里兰卡)建立了联系。当时的锡兰国王斯里兰卡泊底王(1065—1120年)正与南印度发生战争,于是派遣了一艘满载珠宝的船只到若开请求援兵。当时若开已被蒲甘收下,因此蒲甘决定派兵协助锡兰。因为这样的关系,蒲甘与锡兰建立了紧密的联系,锡兰的上座部佛教文化得以传入蒲甘并得到发展。

　　阿努律陀王在位时,从佛教发展的角度而言,正是佛教出现颓势的时期。当时,中国的宋朝随着理学的出现,儒学得到复兴,在唐代相对兴盛的佛教文化开始没落。北印度地区开始有伊斯兰教传入,大乘佛教与上座部佛教(被大乘派称为小乘派)之间的分歧也愈加严重。湿婆信仰在南印度的克拉王国兴起,并随着克拉王国在公元1017—1070年对锡兰的侵略统治,也使锡兰的佛教文化受到了影响。而蒲甘的佛教文化却在这时得到了发展。

　　根据缅甸传统的说法,阿努律陀时代,蒲甘已经是佛教文化极为发达的国家,但当时蒲甘主要还是以密教的阿利僧派为主流。随着阿努律陀王将直通王国的上座部大师阿罗汉奉为国师后,上座部佛教逐渐成为主流,再加上与锡兰的宗教文化交流,使得上座部佛教最终成为缅甸最主要的宗教信仰。目前,在缅甸北部掸邦的孟密、南部仰光省的端迪都能发现阿努律陀王塑造的陶瓦佛像,可证明当时蒲甘王朝的面积已经超越了原来的骠国和孟国的疆域并把掸族的部分地区也囊括进来了。

　　陶瓦佛像是骠国和蒲甘时代的佛像制作工艺,是在一块陶瓦片上塑造的佛像。阿努律陀王塑造的佛像,均有一个统一的姿态。佛像均为盘腿坐姿,右手正放在右膝前,而左手则掌心向上摆放在腹前。

　　比这些陶瓦佛像更显眼的是,遍布蒲甘的佛塔。从阿努律陀王开始,蒲甘的历代国王都大兴土木,建造了许许多多的佛塔。即便后来改朝换代,但因为对佛教的信仰,这些佛塔也都没有受到战火的人为破坏。而在1000多年后,至今依然有数千座佛塔矗立在蒲甘大地上。它们成为缅甸著名的文化地标。

　　不过,从陶瓦佛像里也有弥勒和观音等佛像来看,以及从蒲甘时代建立的许多佛塔也有原始神灵和一些印度教的元素来看,阿努律陀王时代并未像后世所说的那样"罢黜"大乘佛教,独尊上座部佛教,而是使各种佛教教派与印度教相关的神灵都得到自由发展。

　　阿努律陀王不仅与缅甸佛教的发展息息相关,在一些本土神灵信仰的故事中,阿努律陀王本人也常常扮演着重要角色。缅甸本土神灵信仰中最早的波巴女神、陶漂兄弟神等的出现就与阿努律陀王有着密切关系。

　　根据传说,有两个来自印度的兄弟巴威和巴德因船难来到了缅甸(南部孟族的直通王国),借宿在一座寺庙中,两兄弟在此获得了超凡的力量。消息传出后,直通国王非常担心,于是下令追杀两兄弟。大哥不幸被捕杀害,直通国王还下令将大哥的尸体分块埋在城墙四周,使得城墙坚不可摧。弟弟则跑到了蒲甘王国,为阿努律陀王服务。由于弟弟巴德的神通就是"飞毛腿",阿努律陀王就使巴德每日自蒲甘去30里外的波巴山采摘鲜花。

　　有一天,巴德在波巴山遇见了一名女子。这名女子在山里发下宏愿,如遇到善良真诚之人则显示真身,如遇到心术不正之人则显示为妖怪形象。由于多数人都是心术不正之人,因此该女子以花妖之名而闻名。然而,巴德却见到了女子的真实面貌。两人随即坠入爱河。为此,巴德就误了送花的时间,回到蒲甘后,阿努律陀王一怒之下就将巴德赐死了。花妖女子闻悉后伤心而死,并在死后化身为波巴女神。而在死前,波巴女神产下了双胞胎兄弟。这对双胞胎兄弟被阿努律陀王收养,成年后继续为阿努律陀王服务。传说中,阿努律陀王曾为了获得佛牙舍利而攻打犍陀罗娑(南诏),就是在双胞胎兄弟的神通下取得佛牙舍利回来的。回到蒲甘附近时,阿努律陀王所乘大象在名为陶漂的地方突然跪下,阿努律陀王认为这是神灵希望在此建造佛塔供奉佛牙舍利之意。于是下令全军上下在当地建造佛塔。佛塔建成时,阿努律陀王发现佛塔内部缺少了两块石砖。他认为这是双胞胎兄弟的失职,于是下令将双胞胎兄弟处死。双胞胎死后立即化为魔鬼,并发动魔力使阿努律陀王的船只无法航行。然后,在阿努律陀王前现身表示,由于冤死失去了归属,祈求阿努律陀王赐地封神。阿努律陀王只好在佛塔旁另外建造神社,使两兄弟成为守护当地的陶漂兄弟神。

　　虽然上座部佛教是今天缅甸人民的主要信仰,但是缅甸大多数的佛教徒也相信本土神灵的存在。每年,陶漂村都会举办为期8天的陶漂兄弟神会。神会每年都会迎来全国数十万信徒前来膜拜,是缅甸规模最大的本土神灵节日。

　　当然,从蒲甘流传至今的数千座佛塔来看,阿努律陀王对缅甸佛教的发展有着不可否认的功绩。这也是为什么今天看到的阿努律陀王形象常常是头戴皇冠,身穿华服,手持着三部书籍(三藏)的站立形象。

　　阿努律陀王之后,蒲甘王朝继续传承了10代帝王,而在第10位君王那罗梯诃波蒂在位时,发生了元缅战争(1277—1287年),蒲甘王国被元军击溃后,国家四分五裂,蒲甘王国的实际统治仅限在蒲甘城周围,缅甸出现诸侯林立的局面。那罗梯诃波蒂也因此被后世称为"逃避'德佑'之王"。那罗梯诃波蒂不久被其子觉苏瓦谋害后,觉苏瓦继承了王位,但不久就被"掸族三兄弟"——那罗梯诃波蒂时被赐敏象城(中文史料里又称木连城)王的阿散哥也及其兄弟亚扎丁坚与底哈都所废黜和杀害,掸族三兄弟后立觉苏瓦之子苏涅为王。这个时候苏涅实际上已无实权,并在其手上蒲甘王国最终覆灭。

莽应龙与第二缅玛王国东吁

　　蒲甘灭亡后,掸族三兄弟中的老三底哈都将大哥阿散哥也杀害后自立为王,并于1313年在彬亚建都,史称彬亚国。1315年,底哈都之子阿散哥也梭宇在实皆城也自立为王,史称实皆国。于是出现了两个互相竞争的王国。1364年,彬亚国和实皆国都因下属掸族土司的叛乱而灭亡,底哈都之曾孙他拖弥婆耶将彬亚国和实皆国吞并后成立了缅甸中部与东北部的大国阿瓦国。

　　而在蒲甘灭亡的同时,缅甸南部的孟族也再次建国,成立了汉达瓦底国。于是在上缅甸的阿瓦国与在下缅甸的汉达瓦底国也开始了40年军事竞争,双方都未能战胜对方。然而,随着长年的战争,两国都出现了国力下降的情况。而汉达瓦底国也被下属东吁国于1539年所灭。1555年东吁也把上缅甸的阿瓦国收入了版图。东吁国王莽瑞提(又译德彬瑞梯)与继任者莽应龙成功建立了第二个缅玛王国,史称东吁王国。

　　虽然莽应龙是东吁第二任国王,但在莽应龙时代,东吁王国不仅收服了汉达瓦底国、阿瓦国,还收服了西部的若开国(阿拉干国)、曼尼普尔国(今日印缅交界处)、明属掸族土司地以及暹罗大城国(古泰国)等。这是缅甸历史上武功最强大的时代。因此,缅甸将莽应龙视为第二缅玛王国的创立者、缅甸三大帝王之一。

　　莽应龙与莽瑞提可谓世交,莽应龙之父是莽瑞提的主要军事助手,莽应龙之母是莽瑞提的奶娘。莽瑞提继任王位后,就让莽应龙之父成为东吁城主。莽应龙长大后则与莽瑞提的姐姐成亲。莽瑞提与莽应龙的关系可谓非常亲密,实际上,莽应龙(ဘုရင့်နောင်)之名的意思就是"国王的哥哥"之意。

　　然而,东吁王国虽然是缅甸历史上武功最强大的国家,但也因为国家已经进入全民皆兵的状态,有关东吁王国的历史文献流传甚少。如今能看到的更多是难以完全考证的野史故事。

　　据传,莽瑞提王在17岁(即位时年仅14岁)时需要进行象征成年礼的打耳洞之礼与插发簪之礼。而年少气盛的莽瑞提突发奇想,希望在汉达瓦底国的都城附近举行成年礼,以此来挑衅汉达瓦底国。出行前,莽瑞提决定公开招募勇士随行。而招募方法为,向大拇指指甲中钉入一根针,如能手不动,面不改色,即获得陪同的机会。

　　莽瑞提属下著名的勇士巴拉耶廷也参加了测试,但因为剧痛而收回了手指,面色大变,未能通过选拔。为此在羞愧之下,剖腹后将大肠拉出,交予莽应龙之手后,向前奔跑,最终肠尽人亡。而观看了全部过程的莽瑞提王则做出了著名的评价说:"我奴巴拉耶廷,猛则猛矣,但无勇也。"随后,莽应龙也参加了测试,并顺利通过。莽应龙于是一举成名,获得了莽瑞提的赏识。莽应龙于是携带着40名官员、500名勇士陪同莽瑞提赴汉达瓦底成功进行了成年礼。成年礼完成后,虽然受到汉达瓦底的攻击,但莽瑞提一行也成功将汉达瓦底军队击退。

　　后来,莽瑞提向汉达瓦底国发动了三次战争,并在第三次战争中击溃汉达瓦底国,汉达瓦底国王弃国从水路向卑谬国逃亡。莽应龙率领大军在后追赶。双方追逐至名为"璃育"之地。汉达瓦底国王虽然在败逃,但其兵力远胜于莽应龙。这时,莽瑞提派人送信给莽应龙,令其不得轻举妄动,待莽瑞提到来会合后再合力攻之。但莽应龙却回信称,已战胜汉达瓦底军。并下令军士将乘坐的竹筏、船只尽数破坏后,与汉达瓦底军死战,从而赢得战争。这也是莽应龙最著名的一场战役,史称"璃育之战",因此还诞生了成语——莽应龙沉舟,比喻破釜沉舟、背水一战的决心。

　　在攻下汉达瓦底后,莽瑞提与莽应龙又陆续攻下了卑谬、阿拉干(若开)、阿瓦等国,建立了第二个统一的缅玛王国。但是不久,当莽应龙奉令出兵南方的得拉市时,1550年5月1日,莽瑞提就被孟王遗族陷害而死。国家顿时再度陷入分裂状态。各个诸侯纷纷独立。莽应龙只好在得拉市养精蓄锐,1551年始反攻回来。1551年1月11日,攻下东吁;8月30日攻下卑谬;1552年3月12日攻下汉达瓦底。但是,直到1554年1月12日,莽应龙才正式举行了登基大典,成为国王。即便这时,莽应龙的实际领土还是在南方。1555年1月22日,莽应龙才攻下阿瓦。但是,阿瓦北部一些掸族土司依然未服从莽应龙。莽应龙于1556年11月9日再次发动"北伐"。1557年1月10日,攻下勐密与昔卜,3月6日攻下勐养,3月26日攻下勐拱。①

平定了掸族地区后,1558年莽应龙起兵攻打清迈,据历史传说,因为清迈也是佛教国家,莽应龙因此下令军士不得俘虏奴隶,但莽应龙同时又带走了清迈大量的手工技师,包括画师、浮雕师、铜匠、铁匠、木匠、砌砖匠、泥板师、马医、驯马师、驯象师、厨师、香料师、发型师等。这些工匠技师对缅甸的文化产生了巨大影响,这也是缅甸文化艺术与泰北地区有大量相通相似的原因之一。攻打下清迈后,由于部分清迈的城邦投靠了清迈东边的澜沧国(今老挝一带),莽应龙也曾派兵攻打澜沧国,虽然取得胜利,但没有继续攻下澜沧就返回了。

1559年,莽应龙自清迈返回后,因为在今日印缅边界的曼尼普尔国侵扰了阿瓦国属地,派兵出征,把曼尼普尔国也纳入了东吁王朝的版图中。这时一些原本归属明朝的掸族土司也纷纷归顺莽应龙。东吁王朝国力已经达到了鼎盛时期。于是,莽应龙就开始了缅甸历史上最引以为豪的一场战争——攻打阿瑜陀耶王国(泰国古国,又名大城王国)。

信仰上座部佛教的国家都将白象视为神圣之物,因此缅甸许多国王都自号白象主(ဆင်ဖြူရှင်),莽应龙也不例外,但莽应龙认为自己比其他缅甸国王都强大,因此自号白象群主(ဆင်ဖြူများရှင်)。另外莽应龙听闻,阿瑜陀耶国王拥有4头白象,

---

① 丹吞:《东吁朝汉达瓦底白象王巴因瑙与甘勃沙萨蒂宫》,比萨干出版社2017年版。(ဒေါက်တာသန်းထွန်း၊ တောင်ငူခေတ်ဟံသာဝတီဆင်ဖြူရှင် ဘုရင့်နောင်နှင့် ကမ္ဘောဇသာဒီနန်းတော်၊ ပဥ္စဂါစာအုပ်တိုက်၊ ၂၀၁၇။)

于是派使者至阿瑜陀耶要求国王至少送一头白象给他,不然将会发动战争。阿瑜陀耶国王摩诃·查克腊帕拒绝了莽应龙的要求。

1563年,莽应龙率领了58万大军、1600头战象、20000匹战马远征阿瑜陀耶。阿瑜陀耶兵败如山倒。最后摩诃·查克腊帕只好向莽应龙投诚,表示愿意献出一头白象。但此时,莽应龙已不满足一头白象的献礼,而是将四头白象尽数收走,并将摩诃·查克腊帕、其子拉梅萱以及大量的艺术人才作为人质带回东吁王国,并任摩诃·查克腊帕另一子玛欣为阿瑜陀耶新一任国王。

摩诃·查克腊帕被带至东吁王国后,莽应龙就要求其出家为僧。5年后,1568年,摩诃·查克腊帕表示希望回到阿瑜陀耶礼佛,莽应龙信以为真就放其回国。摩诃·查克腊帕回到阿瑜陀耶后,立即与儿子玛欣一同联合澜沧国起兵反抗东吁王朝。莽应龙再次率兵出征。先是打退了澜沧国,并在曾随摩诃·查克腊帕共为人质的阿瑜陀耶国大臣的帮助下,里应外合打开了城门,莽应龙得以攻入阿瑜陀耶。这一次,阿瑜陀耶彻底亡国。这段对缅族来说极为"光辉"的历史,使得缅甸许多人至今在称呼泰国时,口头上更习惯称之为"瑜陀耶"[①](ယိုးဒယား)。

莽应龙除了打下阿瑜陀耶这一功绩外,另一个为缅甸人民心心念念的就是其在位时兴建的甘勃沙萨蒂宫。1566年,莽应龙就决定要建立一座比原东吁城以及汉达瓦底城还要豪华的新皇宫。这个巨大的计划,要求东吁王朝下属的所有城邦诸侯都参与进来。因此,新皇城的20道城门就以当时参与兴建的

---

①　由于缅语中,"阿"字为不祥、不义、不正等否定之意,因此对带有"阿"字的名字都会将"阿"字省略。

20个城邦之名命名。而在兴建皇宫时要求官员每人捐献一根柚木柱。根据一些记载,皇宫正中为配有缅式七级浮屠①屋顶的皇帝主宫,主宫周围环绕着5座配有三级浮屠屋顶的后妃宫。房顶、大门与柱子都贴有金箔。后妃宫之外则是各式宫女、奴婢、卫兵等的住房及象圈、马圈等。这座金碧辉煌的甘勃沙萨蒂宫被认为是缅甸历史上最华丽的皇宫,可惜的是它在后来的战火中被焚毁。1992年,缅甸军政府为了重树民族信心,在勃固(即东吁王朝时期的汉达瓦底)市重建了这座皇宫。皇宫内还摆放着后来考古挖掘发现的甘勃沙萨蒂宫的167根断破柚木。

1581年,莽应龙寿终正寝,其子南达王即位。莽应龙虽然打下了缅甸历史上最为广阔的疆域,但却无法进行有效管理。莽应龙在位时,即不断地陷于征服—叛乱—征服的恶性循环之中。其子南达王即位后面临着同样的局面,但南达王却没有父亲那般精通战略。首先是"泰国"、卑谬、毛淡棉等开始反抗南达王。随后东吁、清迈等也起兵。最后在东吁和阿拉干王国的夹击下,南达王兵败,于1599年被毒死。甘勃沙萨蒂宫也被焚毁。

缅甸历史上武功最为强大的王国在历经两代国王后就此灭亡。缅甸再次进入群雄逐鹿的时期。

雍籍牙与第三缅玛王国贡榜

东吁王朝随同南达王灭亡后,南达王同父异母的兄弟娘惹国王(ညောင်ရမ်းမင်းတရားကြီး)兴起,先是占领了前朝旧都阿瓦,自立为王,并将掸族地区纳入版图,开启了娘惹王国时代

---

① 缅式寺庙,一般会建有9—12级浮屠屋顶。

（ညောင်ရမ်းခေတ်）。由于在阿瓦立都，又被称作第二阿瓦王国。也有学者因为娘惹国王是莽应龙之子，因此也将娘惹国时期归入东吁王朝时代。娘惹王国历经11代国王，虽然在第三、四任国王时再次将南部的孟国收回，但其统治版图仍旧无法与东吁王朝时代相比，因此缅甸史学家并未将其认作第三缅玛王国。娘惹王国的第11代君主时期，由于国王不思朝政，国力再次下滑，于1752年，在北部的掸族、南部的孟族以及西部的曼尼普尔国（今属印度）的攻打之下灭亡。虽然，娘惹王国在政治、武功上并未有傲人成绩，但这一时期缅族文化蓬勃发展，出现大量传世的诗人，而且今日缅甸的12月节庆（每月一个传统节庆日）就是在娘惹时代成型的。

　　娘惹王国灭亡后，缅甸再度回到缅族、孟族、掸族混战的境况中。这时位于缅甸中部阿瓦北边的木梭伯村（မုဆိုးဖိုရွာ，意为猎人村）村长雍籍牙集结了周围46村的武力，凭借着过人的军事才能兴起成为缅族最大的一股势力。当时汉达瓦底的孟族自南方北上，势如破竹，抵达缅甸中部，要求雍籍牙投诚，同时掸族地区的圭族（即今日的拉祜族）崛起，也要求雍籍牙投诚，雍籍牙在拒绝之后成功抵抗了孟族与圭族的入侵。①

　　随后，雍籍牙就先把阿瓦一带收为己有，并将掸族地区也攻打下来。这时在众人的支持下，他在木梭伯村自立为王，将木梭伯村改名为瑞伯村（意为金人村），国号贡榜。贡榜意为堤坝。当时贡榜国师认为，南部汉达瓦底的孟族对缅族而言就是洪水之灾，建议雍籍牙取"堤坝"为名，寓意将永远阻拦孟族洪

---

　　①　杜翁集：《阿郎敏德雅》，历史研究与国家图书馆出版社2017年版，第39—40页。(ဒေါ်အုန်းကြည်၊ အလောင်းမင်းတရား၊ သမိုင်းသုတေသနနှင့် အမျိုးသားစာကြည့်တိုက် ဦးစီးဌာန၊ ၂၀၁၇။)

水之意。①

随后雍籍牙向南长征，攻下当时孟国的重镇德贡后，雍籍牙认为在缅甸已无敌手，于是将德贡改名为仰光（即敌人已尽之意），仰光在后来的英殖民时期到军政府时期都以缅甸首都而闻名于世。雍籍牙不久后就将孟国及曼尼普尔国再次纳入版图，除了西部的阿拉干王国外，基本再现了东吁王朝时期的盛景。虽然阿拉干王国是在贡榜王朝的第6代国王时期才被战胜并纳入缅族版图，但雍籍牙的兴起，意味着缅族的再一次强大复兴，因此，雍籍牙被认为是缔造了第三缅玛王国之人。

传说雍籍牙在出征之时总会在瑞伯市南边一块地上许愿宣誓。当时，那块土地上曾上演过鹿追老虎、蛙吞蛇等弱小动物反噬强大动物的现象。综合实力当时还远远低于孟族和掸族的雍籍牙因此在出征前都会在那块土地上许愿宣誓。由于许愿出征后总能取得胜战，因此那块土地被誉为"昂美"（အောင်မြေ，意为成功之地）。

这种将民族、宗教、教法的守护作为最神圣责任的思想深深影响了后世缅甸人的思维方式。在当代，瑞伯昂美已经成为一个重要的佛教场所。

雍籍牙在完成了"统一"后，与先代缅甸国王一样向暹罗（泰国古称）出征，将暹罗西部一带（今缅甸南部狭长的海岸线）纳入版图，在班师回朝时因病去世。其长子瑙多吉王即位。瑙多吉王3年后病逝，又由雍籍牙次子白象王即位。白象王，由于不满瑞伯的地理环境，将都城再次迁往阿瓦。实际上，作为贡榜王朝的第三任国君，白象王的武功远胜于父亲雍籍牙。

---

① 纽米亚：《寻找贡榜》，雅北出版社2013年版。(ညီမြ၊ ကုန်းဘောင်ရှာပုံတော်၊ ရာပြည့်စာအုပ်တိုက်၊ ၂၀၀၃။)

1764 年,白象王远征暹罗,在包围了暹罗城 3 年后,终于在 1767 年攻破暹罗。白象王更为人称道的是于清朝乾隆年间发生的 4 次清缅战争中的表现,因为在这 4 次战争中,清王朝都没有能从贡榜王朝占得便宜。

在雍籍牙时期,贡榜王朝征服了"缅方"的掸族势力后,继续要求清缅边境的掸族土司归顺。多数土司为保安全,都向清缅两国纳贡。而不愿臣服贡榜王朝的就会时常受到缅军的侵扰。起初乾隆皇帝忙于用兵新疆,因此采取了绥靖政策。后来,由于白象王攻打暹罗,清朝也随之向贡榜发动战争。双方于 1765 年、1766 年、1767 年与 1769 年发生了四次战争,前三次都以清朝战败告终,而在第四次战争中,双方都产生了厌战情绪,于是进行了和谈。而为了取悦各自的国君,双方都对和约内容进行了瞒报。如清朝方面的记载是,贡榜将继续向大清朝贡,释放所有战俘,不再侵犯边境;而缅方的记录是,清朝将归还所有缅属掸族土司领地,释放所有战俘,两国商道重开,双方定时互换使节致送礼物。因此,清缅之战也被乾隆视为"十全武功"之一。

白象王与乾隆皇帝之间的战争给后世中缅关系带来的一个小小的文化影响是,它使中国人熟悉了缅甸首都阿瓦。贡榜王朝的最后两任国王虽然将皇都迁至了离阿瓦不远处的雅达那彭(如今称曼德勒),但从中国迁徙至曼德勒的人们认为这就是自己所知的阿瓦,因此就称呼曼德勒为瓦城,直至今日缅甸华人依然沿用着这个名字。

雍籍牙上台时,已经有英国及法国的商人来到缅甸从商。当时英国的东印度公司已经掌控了印度大部分地区。这为后来英国发动 3 次殖民战争提供了前提条件。

在贡榜王朝的第 7 任国王巴基道王于 1819 年举行登基大

典时,曼尼普尔国王未参加大典观礼,被巴基道王认为谋反,因此巴基道王出兵攻打曼尼普尔国。这时就与印度的英军产生了一点摩擦。同时,英国东印度公司在印缅边界伐木时,缅方认为这种做法侵犯了其领土完整,因此逮捕了东印度公司的伐木工人。英国于是于1824年发动了第一次英缅战争,这场战争持续了2年,缅军战败后于1826年签署了不平等条约,内容包括将缅属阿拉干(现缅甸若开邦)、德衣达林、阿萨姆(今属印度)等割让,并放弃对曼尼普尔国(今属印度)的干涉等。

1852年,贡榜王朝第7任国王蒲甘王时期,一艘英国货轮在缅甸境内发生了命案,缅甸对英国嫌犯进行关押殴打,引发英国不满,于是发生了第二次英缅战争。而这一次,缅甸南部所有地区(下缅甸)都割让给了英国。

经过两次英缅战争的失利,缅甸也逐渐觉醒并开始了现代化改革,并试图与其他欧洲国家建立关系以遏制英国的侵略。英国注意到缅方的外交活动后很不满意,加上当时又爆发了一起商业纠纷,使得英国再次获得了发动战争的理由。1885年,英国孟买博马公司在缅伐木时,瞒报了伐木数量,被缅方发现后被处巨额罚款。孟买博马公司不愿缴纳罚款于是向英国告状。这时缅方意识到问题的严重性,决定放弃对孟买博马公司的罚款。然而,此时英国却进一步提出了5点要求,包括:英国代表可在缅王之前带刀和穿鞋;英国在缅代表享受英国在印总督的同等待遇;英国代表在缅境内可配备一艘战船与1000士兵;缅方要协助英国开通缅中公路;缅方与外国建交需得到英国同意。缅方同意了前四点,但表示无法接受第五点。于是英国就发动了第三次英缅战争,占领了缅甸全境,并将缅甸划为英属印度的一个省份,贡榜王朝的末代国王昔卜王也被俘虏至印度。

于是,自阿努律陀王的蒲甘王朝开始,历经莽应龙的东吁王朝和雍籍牙的贡榜王朝,缅族人建立的三代王朝在英国殖民者的战争下结束。从1826年算起,历经122年后,于1948年1月4日,缅甸才得以恢复独立,重建自己的国家。

反抗英殖民者

　　英国通过3次殖民战争将缅甸收为自己的殖民地。虽然缅甸由于武器的落后与王朝的衰败无法抵御英国的坚船利炮,但缅甸各地的民众依然对英殖民者进行了顽强的抵抗。英殖民者为了对缅甸实行有效的统治,付出了极大的代价。进入20世纪初,英殖民政府已经在缅甸实现了全面的统治,但这时缅甸人民的反殖民思想再次兴起。20世纪的缅甸反英殖民运动可粗略分为3个时期:第一阶段是1903—1930年的缅甸各团体总会时期;第二阶段是1930—1939年的我缅联盟时期;第三阶段是1939—1947年的全面武力抗争时期。作为缅甸"独立之父"的昂山将军,在第一阶段出生成长,在第二阶段加入反殖民运动,在第三阶段则领导了反殖民运动。

第一阶段:缅甸各团体总会(1903—1930年)

　　英国对缅甸进行了全面的殖民统治之后,就开始了有利于维持英国统治的殖民教育。1903年,英国殖民政府的教育大臣参考了缅甸传统文化礼仪后,向全国学校宣布了要求学生向老师和学校领导磕头的礼仪规定。在缅甸传统文化中,对教师行磕头礼是极为正常的。缅甸磕头礼有3种,一是双手合十并举高触碰额头的姿势,二是双手合十并置于胸前中央的姿势,三是双手合十并置于胸旁的姿势。第一种姿势为最高礼仪。教育大臣则要求学生向教师行最高礼仪。

当时学校的领导和教师都是英国人或印度人。缅甸学生认为,当时的英国与印度教师和缅甸传统教师不同,只是为薪资工作而已,因此不愿磕头。由于受到学生们和家长们的反对,教育大臣最终收回命令。这起事件启发了当时仰光学院的学生的政治意识。1904年,仰光学院的学生们成立了第一个学生组织——仰光学院佛教徒协会(Rangoon College Buddhist Association),这个组织后来又模仿基督教青年协会(Young Men's Christian Association,YMCA)于1906年改称为YMBA(Yong Men's Buddhist Association),且不再局限于学生组织,而是成为一个由社会精英与大学生组成的社会组织。这个组织成为缅甸在英殖民时期成立的首个具有政治特征的组织,并在后来的反英殖民活动中扮演了重要角色。如1917年发生英国人穿鞋进入缅甸佛教场所①事件,YMBA领导发动了抗议行动。1917—1920年间,YMBA曾经作为缅甸代表赴印度与英国要求对缅甸行政制度进行改革。1920年,YMBA已经在全国拥有了2000个分会。随着组织的壮大,1920年10月,YMBA再次改名为缅甸各团体总会(GCBA,General Council of Burmese Association)。

当时缅甸仅有2所学院,缅甸学生们希望能够升级建立大学。1920年,英殖民政府出台了《大学法》,规定缅甸全国只能有一所大学,大学之下只能有一所学院。为此,1920年12月5日,GCBA发动了英殖民时期的缅甸首次学生大游行。这次大游行的直接结果是,GCBA在全国建立了150所国民学校,由原殖民学校的高年级学生退学后担任国民学校的老师。这些国民学校在师资如此匮乏的情况下,为缅甸培养了大批民族主

---

① 根据缅甸传统文化,进入佛教场所必须脱鞋,否则是大不敬。

义者,如后来的独立运动领袖昂山将军与缅甸独立后的首任总理吴努等。后来,这场大游行发动的日子12月5日,也被GCBA认定为"国民日",并纪念至今。

随着国民学校的诞生,缅甸人民的政治意识也日渐觉醒,1922—1923年英殖民政府将原来的由副总督管理的制度更改为总督和立法会共同管理的双头制度。立法会席位中为缅甸当地人民提供了一些配额。对双头制度的接受与否,GCBA内部产生了严重分歧,分为接受派与反对派。曾盛极一时的GCBA逐渐式微,就这样退出了缅甸的历史舞台。

第二阶段:我缅联盟(1930—1939年)

在GCBA的影响力不再后,三个重要的历史事件,再次激发起缅甸人民反英殖民的民族意识,即我缅联盟的成立、农民大起义及"1300年大起义"。

英国对缅甸实行殖民统治后,就致力于扩大缅甸的农业种植贸易,通过开垦荒地、借贷、提供技术的方式,吸引缅甸人民投入农业种植。丰厚的利润使得许多缅甸人也从印度人、英国人处进行借贷扩大种植规模。但是1929年,全球经济危机爆发,缅甸农业也受到了极大的影响。许多农民因无法偿清债款而失去了土地,生活陷入困境。于是1930年12月22日,爆发了农民大起义。农民拿起武器反抗英殖民者的统治。这场农民大起义延续了3年后才被英殖民政府平息。即便如此,农民大起义深深地刺激到了缅甸人民,促使许多进步分子相信,只有以武力方式才能摆脱英殖民者的统治。

就在农民大起义爆发的那一年,还有一个将引导缅甸独立运动的重要组织"我缅联盟"诞生了。1930年5月30日,一群活跃青年聚集在一起商议成立一个"翻身做主"的组织"我缅联盟"。联盟提出了一段响亮的民族主义口号:"巴玛国是我国,巴玛文是我文,巴玛语是我语;爱我巴玛国,敬我巴玛文,尊我巴玛语。"并且为了标榜缅甸人才是缅甸的主人,"我缅联盟"决定在所有成员的名字前都加上"德钦"(၃ၔ)的字眼,即主人之意。也因此,我缅联盟,有时也被称为德钦党。德钦党最初由于态度和言辞偏激,并未受到缅甸社会的广泛认可。1934年,当时著名的缅甸爱国诗人苟多麦公开表示支持与加入德钦党,并自号德钦苟多麦后,德钦党的影响力顿时大增。

与此同时,英殖民政府为了缓解缅甸日益高涨的民族意识,于1935年推出了《缅甸管理统治法》。根据该法,缅甸将脱离英属印度的下属省份,由英殖民总督直接统治,并且除国防、外交、印钞等核心的7个部门由总督直辖外,剩余的91个行政部门将由当地人来负责。因此也被称为"91部统治法"。

然而,从国民学校接受教育长大的青年们的反殖民、求独立的意识已经被激起,英殖民的"91部统治法"只是被解读为英国为持续殖民的缓兵之计而已。这里就要说到两个重要的青年——努与昂山。

努于1907年5月25日出生,1920年缅甸发生第一次大学生运动时,当时还是5年级①学生的努就参加了运动。6年级时,由于国民学校师资匮乏,努就已经去兼任老师了。1925年,他从缅甸第一所国民学校——位于仰光巴罕镇的缪玛学校10年级毕业,并考上了仰光大学。大学求学期间,也曾至两所国民学校任教并兼任校长,加上其间的一些政治活动,他于1939年才大学毕业拿到了文学学士学位。在大学期间,努就已经是

---

① 当时的教育制度为10年制,1—4年级为小学,5—8年级为初中,9—10年级为高中。这个制度一直应用到近期才开始进行改革。

知名的作家和社会活动家。

　　昂山于 1915 年 2 月 13 日在南貌市出生,在仁安羌市的国民学校完成中学学业后于 1932 年考上了仰光大学。根据当时的著名爱国诗人、社会运动领袖德钦苟多麦的描述,昂山是个不修边幅、表情坚毅、总是对现状表示不满的人:

> 　　此人不高不矮,身材瘦瘦,皮肤不白不黄。一开始就露着不好相处的面孔。头发蓬乱。行走时总是会用力咬着脸颊直到露出颧骨和上颌骨的痕迹。皱皱的衣服就这样挂在身上,曼谷式隆基让他露出小腿,脚上穿着皮鞋,不论天晴天雨手上总会带着一把雨伞。是个放任思想侵略的人。对衣着很不讲究。总是在思考。总是表露出对某事不满的样子。似乎他现在正处在一群只会炫耀的人群里一样。①

　　昂山一开始是个沉默寡言、不善交际的人。1932 年,仰光大学举办了一场别开生面的辩论大赛,辩论主题是“和尚是否应该参与政治”。昂山作为一名观众在台下专心倾听着辩手们的辩论。辩论结束后,主持人向观众开放提问,昂山突然站了起来,用极快的语速引用了一句巴利语,意思是:出家人应该不问世事。这是昂山第一次公开讨论时事。随后,昂山就慢慢地参与到大学里的各种组织里了。也就在这时,他萌生了搞政治、搞独立的念头。

---

　　①　历史研究所:《缅甸独立缔造者昂山将军》,历史研究与国家图书馆局 2020 年版。(သမိုင်းသုတေသနဦးစီးဌာန၊ မြန်မာ့လွတ်လပ်ရေးဗိသုကာဗိုလ်ချုပ်အောင်ဆန်း။ သမိုင်းသုတေသနနှင့် အမျိုးသား စာကြည့်တိုက် ဦးစီးဌာန၊ ၂၀၂၀၊ ၅။)

　　1934—1935年，努卸任校长之职回到仰光大学，两人就此相遇，并成为好友。这时努被推选为学生会的副主席，而昂山则是学生会刊物 *Oway*[①]的责任编辑。当时仰光大学校长出台了一份新规，在学年大考前要追加一场测验。学生对此很不满意，要求学生会做主。努与昂山一方面带着学生与校长谈判，一方面在 *Oway* 上发表文章批评。最终迫使校长收回了命令，努也被推选为学生会主席。1936年1月，*Oway* 上发表了一篇名为《地狱犬在逃》的文章，以地狱犬的形象讽刺批评了当时的大学校长[②]。校长大怒，于是决定将努与昂山开除。但是，努与昂山当时已是重要的学生领袖。校长的这个决定引发了英殖民时期的第二场学生大示威。2月25日发动的大学生示威一直持续到了5月，而且获得了知识精英、工人、农民等的支持。这场运动的最主要成果是催生了后来反殖民运动中的许多领袖。经过这次运动，昂山在学生群体中树立了威信，并被推选为仰光大学学生会和全缅甸学生会主席。但他在1938年决定退学，并退出了两个学生会的职务，邀请努一起加入德钦党，成为德钦昂山与德钦努，全身心投入反殖民运动之中。1938年1月，缅甸中部俏市的缅甸石油公司工人发起了一场罢工运动，工人们决定从俏步行600多公里至仰光市，表达诉求。由于德钦昂山等学生领袖与德钦党积极参与组织，工人的示威游行途中，有大量学生、农民和其他百姓加入，形成了反英殖民时期最大规模的游行。这场游行，由于是在缅历1300年发生的，因此在缅甸历史上被记载为"1300年大起义"。

[①]　Oway是孔雀鸣叫声的拟声词，学生会以孔雀作为标志。

[②]　Oway, The Hell-Hound at Large, the Rangoon University Students Union, Jan. 1936, Vol.5, No.1, P.56.

由于在"1300年大起义"等活动中表现优异,昂山不久后就成为德钦党的秘书长。"1300年大起义"发生后,在德钦党的带动下,缅甸全国各地不时发生各种工人、农民、学生的示威。英殖民政府也对德钦党进行了严厉的打压,为此,昂山于1939年1月23日被逮捕,不过15天后又被释放。

随后,德钦党人意识到,反对英国殖民者需要各阶层人民的力量联合起来。于是德钦党和巴莫博士(当时在英殖民政府任首相)领导的穷人爱国组织等联合起来在1939年4月成立了"缅甸出路党"。受到共产主义思想影响的昂山又在同年8月秘密成立了缅甸共产党。这时昂山已经清楚,除了武力抗争没有其他路径可以使缅甸恢复独立。

第三阶段:全面武力抗争(1939—1947年)

当时第二次世界大战已经开始,各种政治思想也随着动荡的时代传入缅甸的积极分子队伍中。当时,德钦党内受到不同的意识形态影响分成了两派。一派接受了共产主义思想,认为要和苏联与中共联合争取独立。另一派则受到日本所谓"大东亚共荣圈"的影响,认为缅甸应该和日本联手争取独立。

当时接受了共产主义思想并暗中成立了共产党的昂山已经是德钦党的主导人物,因此德钦党一直试图与中共取得联系。1940年8月,昂山在缅甸华侨的协助下,乘船来到了厦门鼓浪屿。这件事被日本的铃木敬司大佐知悉后,昂山等人遭到厦门宪兵队的搜捕,最后被日本收容。昂山只好转而与日本合作,双方达成了协议,由铃木敬司主管的"南机关"护送昂山等人回国,召集有志之士,在中国的台湾、海南及日本等地接受军事培训。1941年,德钦党分4批共30人来到了日本的控制地区,接受培训,史称"三十志士"。在日本的支持下,"三十志士"

得以成立了"缅甸独立军"。

1941年11月开始，"三十志士"成员根据计划，一部分来到了泰缅边境，一部分则进入缅甸国内。1942年开始与日军里应外合向英军发动攻势，并取得了胜利，成功夺回缅甸。1943年，日本即为缅甸宣布了独立，然而，实际上只是从英殖民转为日本殖民而已。昂山发现日本并无意给予缅甸真正的独立自由后，于1944年8月在家中召集了缅甸独立军、缅甸共产党与人民起义党，成立了消灭法西斯人民自由联盟，暗中与英军联系反日，并在1945年3月27日与英军联手向日军发动攻势，成功将日军自缅甸驱逐。这一天也被定义为革命日而受到纪念。在后来的军政府时期，革命日被改名为建军节。成功驱赶日军之后，昂山认为已经度过了"消灭法西斯"的阶段，因此将我缅联盟改名为"反法西斯人民自由联盟"。联盟也成为战后继续争取独立和建国的最主要政治力量。

战后，英国在缅甸成立了过渡政府，昂山向英国要求让缅甸独立。1947年1月27日，昂山率团赴英国与英国首相克莱门特·理查德·艾德礼进行独立谈判，艾德礼要求昂山必须获得其他族群的共识，才能获得独立，双方在会谈后签署了《昂山–艾德礼条约》。但是团员中格隆吴梭[①]不同意昂山的意见。格隆吴梭也是反英殖民的重要领袖之一。他既是律师也曾在英殖民时期担任过部长及总理的职务。由于在1930年农民大起义时，他发文痛斥英殖民政府，因此被英殖民政府称为格隆吴梭，1936年也曾成立格隆军武力反抗英殖民政府。格隆吴梭与昂山既是合作关系，又在缅甸政治问题上有着非常大的分歧。两

① 格隆意为佛教中的神兽大鹏金翅鸟，以龙为食。在农民起义时，将其作为标志图腾。

人的分歧在这场会议上到达了顶点。

　　昂山自英国返回后，就于1947年2月12日在如今的掸邦彬龙地区，与各民族领袖进行了共同争取独立的会谈，并成功取得了共识，史称"彬龙会议"。随后，昂山就与阁员们投入起草宪法等建国事务之中。7月19日上午10点，昂山与7名部长在部长大楼商议国是时，一群身穿英殖民时期城卫队第12营制服的持枪人士闯入，向议事厅内的国家领袖进行扫射。昂山等8名国家领导人及1名护卫在这场刺杀中身亡。当天晚上，昂山组建的反恐军第一营在吴梭家中找到了相关的枪支证据。吴梭被逮捕，并在1948年5月8日被执行死刑。然而，如此迅速的"破案"即执行死刑的过程，也使吴梭背后是否还有人指使成为一个历史悬案。昂山遇害时，年仅31岁。昂山遇害的7月19日，后来被缅甸政府定为"烈士节"。

　　吴努接替昂山成为过渡政府总理，完成了建国制宪大会，并与英国首相艾德礼签署了《努–艾德礼协议》。1948年1月4日，缅甸终获独立。

　　就这样，从英殖民及法西斯日本手上为缅甸争取了独立，并且成功团结了缅甸各族人民的昂山，在缅甸独立前夕被自己的缅族盟友所害。缅甸在失去了"独立之父"后终在1948年1月4日摆脱殖民统治，实现了独立建国。

碑文和国歌里的缅甸传统

　　自1044年阿努律陀王建立了大一统的蒲甘王朝开始,由于历代王朝和国王都推崇上座部佛教信仰,因此佛教文化对缅甸的文化传统影响极为深刻。缅甸三大王朝,都推崇武功,都曾多次战胜过暹罗(今泰国)、澜沧(今老挝)、曼尼普尔(今印度曼尼普尔邦)等国,但这样的骄傲在贡榜王朝末期终被英殖民者打破,从1826年第一次签订不平等条约算起直到1948年独立,缅甸被英国殖民统治122年。这段被殖民奴役的经历也对当代缅甸文化思想产生了极为深刻的影响。为了理解当代缅甸人民的文化心理,需要对缅甸的佛教文化和被殖民后遗症入手。而刻于1113年的妙齐提碑文和缅甸国歌则可以被看作理解这两个文化特征的最合适的范文。

妙齐提碑文

　　妙齐提碑是缅甸最著名的古碑,因在蒲甘的妙齐提(意为碧玉之塔)寺院中被发现而得名。由于是耶娑古曼王子所刻,在缅甸被更广泛地称为耶娑古曼。此碑之所以受到历史学家的高度重视,是因为它是目前发现的石碑中最早刻有缅文的石碑,同时也是在石碑四面上分别刻有骠文、孟文、缅文和巴利文的唯一石碑。

　　在述说妙齐提碑文前,首先需要交代耶娑古曼王子。据碑文记载,耶娑古曼是蒲甘第三任国王江喜陀王之子。江喜陀王是仅次于阿努律陀王的蒲甘著名国君。在缅甸流传的说法是，江喜陀是阿努律陀王次子，但阿努律陀王将王位传给了长子修罗。后来修罗王在与孟族的战争中被俘，江喜陀在夜晚试图营救修罗王，但被修罗王误认为是来杀害自己的，因此大声呼喊，导致江喜陀营救失败，修罗王被孟族所杀。于是江喜陀即位为王。不过，根据缅甸历史学家丹吞的考证，没有任何证据表明江喜陀是阿努律陀王之子；他认为，江喜陀王在位时所刻石碑皆为孟语石碑，也许其与孟族渊源颇深。

传说，江喜陀尚在阿努律陀王任下就职时，因触怒阿努律陀王而避走在乡间，其间与一乡村女子共处，后来阿努律陀王逝世后，修罗王即位，江喜陀得以回朝任职，当时江喜陀将自己的一枚戒指留给女子，并表示日后如诞下儿子，可来找他。江喜陀即位成王后第二天，女子就偕儿子来到王朝相认。这个儿子就是耶娑古曼。然而，江喜陀当时刚平定孟族不久，并让自己的女儿嫁给孟族王子，为了维护缅孟之间的和平，江喜陀许诺将把王位传给自己女儿与孟族王子所生之子。所以，为了弥补耶娑古曼，江喜陀赐予了他达纳瓦底（今缅甸若开邦）七郡之地。

后来，当江喜陀病重即将去世时，耶娑古曼为父祈愿，铸造了一尊金佛，并将自己的三村奴隶献为照看佛像的佛奴。妙齐提碑即记载了这段故事。

这段故事以骠文、孟文、巴利文、缅文刻在石碑四面。在这里需要先对这四种文字进行说明。当时，只有骠族与孟族拥有自己的文字，缅族实际上没有文字，而巴利语是自印度传来的佛教用语，也并没有文字。从现有碑文来看，骠文字笔画较为复杂，而孟文字则简单明了，因此，当时的缅文和巴利文，实际上是使用孟文字而写的。今天所使用的缅文，就是自孟文进化而来的。

妙齐提碑文通过捐献佛像、捐献"佛奴"、滴水仪式和诅咒等不同层次展现了缅甸传统文化中的世界观、人生观。通过捐献佛像的功德,表达了缅甸文化中善有善报、功德分享、在因与果之间搭建直接关系的观念。直到现在,人们在缅甸随处可听见"向佛捐献是功德最大的捐献"这样的劝捐话语。这个观念使缅甸人民,即便身处联合国所列"最不发达国家"的行列,依然是世界上最乐于捐献的人群。关于捐献,缅甸人常说的一句话就是"因为没有所以不捐,因为不捐所以没有"。要破除这样一个"恶性轮回",首先就是要打破"不捐"这个环节。因此,无论自己的生活多么困难,缅甸人总愿意将自己的一部分财富捐献出去。当然,这些捐献主要都是捐献至佛寺、佛塔、佛像及僧侣。

对当代缅甸人而言,他们对佛教的信仰以及付出,不仅仅是与个人有关的信仰行为,而且是不可侵犯的领域。

缅甸国歌

在当代国家体系中,每个国家都有着自己的国歌。缅甸国歌是根据2008年出台的现行《缅甸联邦共和国宪法》所确认的。由于歌词中包括了一句极具传唱度的"世界不灭"一词,所以缅甸民间也会将国歌称为"世界不灭"之歌。这首歌实际上在缅甸于1948年1月4日独立时就已作为"国歌"传唱,其间缅甸历经几次政治体制的变动,这首"国歌"却能安然跨越各个时代,但直到2008年才终于正式获得了"国歌"的法律身份。

这首歌的诞生也极具戏剧性。1947年底,当时建国制宪大会已经完成任务,《缅甸联邦宪法》(1947年)已经完成。这时总理吴努才意识到1948年1月4日的独立建国大典的升旗仪式需要奏唱国歌,于是请吴盛米亚貌将著名音乐家瑞戴组请来。吴盛米亚貌告诉吴努,瑞戴组已经不在人世了。吴努只好请吴盛米亚貌自己将合适的音乐家邀请过来。吴盛米亚貌于是找来了当时负有盛名的5位音乐家。然而,在商讨作曲时,其中两位音乐家产生了重大分歧,导致工作无法继续。吴努在无计可施的情况下,指示吴盛米亚貌如能独立完成歌曲创作,则请其负责。于是,吴盛米亚貌临危受命,开始了歌曲创作。

在创作过程中,首先进入吴盛米亚貌脑海的是当年我缅联盟的"党歌"——《我缅人之歌》。这首歌由我缅联盟成员德钦顶创作于1930年。德钦顶是一名热爱音乐的老师,由于曾经创办过名为YMB的学校,也被大家称为YMB德钦顶。德钦顶早期的创作都是市场导向的爱情歌曲。1927年,缅甸年轻人受到西方时装潮流的影响,开始穿着西式服装,德钦顶写了一首歌来讽刺这个现象,从此开始了政治歌曲的创作。1930年德钦顶自曼德勒市来到仰光,并加入了我缅联盟。当时我缅联盟认为需要多种艺术形式来唤醒缅甸沉睡已久的"德钦心"(主人心),德钦顶为此写出了一首结合了缅甸与西方音乐风格的曲子,并与其他德钦领袖共同填写了歌词,这就是《我缅人之歌》。

这首《我缅人之歌》歌词中以缅族高贵的血统开始,谈到了曾战胜暹罗与印度等国的光荣历史,然后感叹命运的不济,从钻石沦为柴棍,复又自我鼓励不能有辱历史,最后呼吁缅人要有主人心态,不计个人得失,为国奉献。虽然整首歌曲以缅甸传统歌曲风格编写,但副歌则是以西式的节奏合唱出"世界不灭,我们缅甸,这是我国,这是我土"的铿锵宣言。

太公城王族之后,我缅族刹帝利之种,不低的尊荣
诸国来犯,战而驱逐,斗而胜利,是我缅族

虽是真钻, 沦为柴木, 此为自然规则, 不能违背

我等时运不济, 至此境地, 但是

究其本质, 缅国是我国

历史不能遗忘, 我族应铭记于心

世界, 我缅之名显赫, 我辈岂甘堕落

我缅族, 不是我缅族吗？我缅族, 我等是缅族

这就是我缅族　这就是我缅族

团结一致　我缅族丈夫　为后世子孙

能享福荫　不顾自身利益　勇敢我缅族

缅甸国为我国　要学当家做主人

德钦之族　我缅族　天下地上　高等心态　流淌牦

牛血的我缅族

世界不灭　我们缅甸

这是我国　这是我土　这是我的国

各民族　视缅国为我国　各民族之务即我缅务　我

缅族应爱护各族

为国努力吧　我缅族　我缅族　为国努力吧

我缅族呀我缅族　如日出东方　我等时代　必然

降临

我缅族呀我缅族　全缅国不落一人　视为我家　视

为我田　这是我缅

　　这种编曲方式以及副歌, 一直盘旋在吴盛米亚貌脑海中。于是他也模仿《我缅人之歌》的编曲方式创作了一首歌, 而副歌则是基于《我缅人之歌》的副歌改编而成的。这首歌创作完成后, 交给了起草缅甸独立宣言的大文学家佐基审阅, 在一字不改的情况下通过了。就这样成了缅甸国歌:

公平正义　自由不伪

我们的国　我们的土

让所有人　获得和平

同权平等　思想纯洁之国

我们的国　我们的土

联邦遗产　根基永固

发下誓愿　共同维护

世界不灭　缅国永存

是祖宗的遗产　所以爱护有加

守护联邦　愿意献出生命

这是我们的国　这是我们的土

我们的领土

我们的国　我们的土

责任　应由我们团结承担

这是我们的天职　这是宝贵的土地

　　缅甸国歌从"公平正义"到"共同维护"是以缅甸传统的口白唱说的形式演唱，而从"世界不灭"开始则是模仿了《我缅人之歌》的副歌曲调，但从原来的三拍改为了更具力量的两拍进行曲风格。一开始歌词里的"缅国"使用的字眼是"巴玛"，直到1988年新军人政府上台时，才将"巴玛"改成了"缅玛"。

　　这首歌曲由于曲风以及部分歌词与德钦顶的《我缅人之歌》极为相似，因此被广泛误认为是德钦顶所作。不过，缅甸国歌的精神传承自《我缅人之歌》则是无须争辩的事实。"德钦精神"的觉醒是缅甸能够从英殖民统治以及法西斯日本统治中挣脱，恢复独立，建立联邦的最根本原因。可以从歌词中看到，作者反复地在呐喊"我们的国,我们的土",两次将国家比喻为必须守护的"遗产",似乎在不断地向曾经的殖民国与未来可能出现的侵略者宣示缅人对缅甸的主权,这正是《我缅人之歌》中"德钦精神"的体现。

佛教文化嵌入缅甸社会

　　从前文的妙齐提碑文中,我们看到了佛教文化在缅甸社会历史文化中的重要地位,而对缅甸国歌的解读,我们又能明显感受到其面对西方殖民主义时产生的危机意识,民族主义坚定地存在于缅甸人心里,成为激励缅甸人民奋起反抗的精神力量。其实,这两个例子都十分恰当地带出了今天我们看待缅甸社会的一个非常重要的视角——宗教-民族主义的盛行。

　　缅甸特殊的地理位置,以及罗兴伽问题和民族地方武装问题,使得"宗教主义"和"民族主义"在缅甸并不是相互分开的两个方面,而总是杂糅在一起,形成极富缅甸特色的"宗教-民族主义",成为引发现代缅甸社会一系列民族问题的根源。这些内容,我们留待到中篇再详细论述。这里,我们主要讨论的是同样充满"宗教-民族主义"色彩的佛教,无疑,它也为缅甸文化打上了最深刻的烙印。

　　在《缅甸的小日子》这本流行一时的漫画书里,记录了加拿大漫画家盖·德利斯勒(Guy Delisle)跟随服务于无国界医生组织的妻子来到缅甸工作后的生活。书中描绘了这样的几个场景:在准备离开缅甸之前,德利斯勒去了内观寺体验3天的短期修行,遇到了寺院中为学习巴利语在缅甸生活了12年的美国尼姑。他与寺院中的僧侣一起,过着凌晨3点起床,9点洗澡,11点用餐(过午不食,一天只吃一顿),21点就寝的生活。在本书的编著过程中,我们也访谈了多位曾到过缅甸游览的中国游客,在他们看来,在曼德勒马哈伽纳扬僧院观看"千人僧饭"的场景,是他们印象最为深刻的体验,觉得场面极为震撼。

但是,佛教对于缅甸社会的影响绝不仅仅停留在外人的上述种种印象之中,实际上,佛教在缅甸的影响远远深刻于此,长时间地贯穿于缅甸历史之中。自1044年缅甸首个王朝蒲甘王朝建立开始,上座部佛教僧侣就具有参与公共事务的自主性。即便到了殖民时期,英国殖民者也认识到,如果不通过地方上的比丘僧人,在信奉佛教的农村,殖民地政府官员几乎是无法直接同农民打交道的。

要理解佛教在缅甸社会及政治中所具有的影响,需要将焦点放在佛教在缅甸社会所具有的文化自主性上。下文中,我们尝试从缅甸历史长河中佛教所形成的入世传统、佛教文化嵌入缅甸社会,以及佛教僧侣与社会的僧俗互动三个方面来进一步解读缅甸社会的最显著特征——佛教。

缅甸的政治历史可分为六个时期来考察,分别是封建时期、殖民时期、独立初期、社会主义时期、军政府时期以及改革开放时期。从缅族阿努律陀王于1044年称王,建立首个缅族的统一王朝蒲甘王朝,将上座部佛教定为国教,将孟族高僧阿罗汉请为国师后,上座部佛教就与缅甸政治发展形影不离。在阿罗汉的建议下,阿努律陀王开始扫清此前对蒲甘政治和社会具有极大影响力的密宗阿利派僧侣,攻打南方的孟国以获得该国的三藏经卷。

在接下来800多年的封建历史中,缅甸经历了五个朝代,僧侣在缅甸政治的各个方面都有深度的介入。如在外交方面,当蒙古大军攻破蒲甘时,蒲甘国王派出了国师释迪达巴貌卡作为求和代表出使元大都;在"地方"事务方面,茵瓦王朝国师司裹涂蔑制止了茵瓦与南方孟国的40年战争；在王室斗争方面，娘惹王朝国师森觉曾率领僧人在王子叛乱事件中保护了国王性命，平定了王子的政变。僧侣在缅甸封建政治方面的影响力，有时也会使国王感受到威胁。如，茵瓦王朝的第15代国王都罕波，在夺取政权后，由于担心僧侣反对，曾进行了大规模的"灭佛行动"。另一方面，南方孟国的著名君王达摩悉都原本就是僧人，在被孟国女王看中招为驸马后，继承了孟国王位。在整个封建时期，虽历经朝代更迭，但上座部佛教在意识形态上的地位几乎没有过任何动摇，一些国王曾试图进行宗教改革来管控僧侣对社会和政治的影响，但多数时间政权和僧侣总是相得益彰。

英国作家乔治·奥威尔的著名作品《缅甸岁月》中，有一段英殖民时期缅甸人吴波金这一复杂人物处心积虑想"靠向佛教捐献来积攒功德"的描述，在今天的缅甸社会，这样的做法还是能够获得广泛认可的。而在殖民时期反侵略方面，僧人也一直是反英殖民的中坚力量；僧侣成立了各种民族主义组织，如青年僧侣团，来反对英殖民者。而缅甸首个由受过西方教育的青年成立的民族主义团体也是以佛教命名的缅族佛教青年协会，该协会后来改称为缅族总大会。缅甸首份民族主义报刊 *The Wunthanu*（有缅语和英语两种版本）也是由僧侣编辑出版的。而不论是缅族佛教青年协会还是后来的缅族总大会，僧侣也都是主要的反殖民领导者，殖民统治期间发生的农民大起义、工人大起义等也都有僧侣的身影，而后来在日本接受培训成为缅甸独立军创始团队的"三十志士"中也包括一名僧侣。

1948年缅甸独立后，佛教对社会凝聚的作用更加明显。时任总理吴努为了获得更多选民支持，于1961年第三次修改宪法时将佛教定为国教,并制定包括每年使用50％的政府财政经费支持弘法事业等各种支持佛教发展的政策。第三任总统为克伦族基督教徒曼温貌,也在上台时迫于压力"改信"佛教。这些政策进一步激化了缅甸信仰不同宗教的各少数民族与主体缅族之间的矛盾,导致国内动荡不安,最后在军人夺权后缅甸于1962年进入了社会主义时期。该时期,政府再次取消了佛教作为国教的地位,但领导人在阐述缅甸特色社会主义思想时,也常常需要借用佛教的词汇和理论,"是一种浓厚佛教色彩的哲学与人道主义相结合的理论,与科学的社会主义思想不同"。在这期间,缅甸该届政府的无能导致经济不断下滑,遭受了由僧侣和其他民众共同发起的多次抗争运动,包括最后推翻缅甸该届政府的1988年的"8888"事件。在该届政府下台后,缅甸进入了军政府时期。该时期,军政府大力推广佛教文化,与僧侣保持密切的来往,但又不允许僧侣议政。不过,在2007年,全国油价大幅上涨,导致社会动荡时,僧侣再次发起大规模的运动向军政府抗议。

2011年,缅甸改革开放后,社会呈现出多元化、自由化特征,僧侣对公共事务的参与也更加广泛。

自2012年以来,缅甸西部若开邦爆发罗兴伽/孟加拉裔穆斯林和若开佛教徒之间的宗教与种族冲突,至今冲突不断。其间,缅甸出现了969组织与MaBaTa组织等佛教-民族主义运动组织。969组织到处宣讲"反穆"言论,MaBaTa甚至跨界起草了四项"民族保护法"——"人口增长率控制法""变更宗教信仰法""缅族佛教妇女婚姻法"及"一夫一妻制法",并获得国会通过。僧侣们对政府的各种公共政策发表意见,在许多对外资项目的抗议中也有僧侣的身影,由于对现政府在若开民族冲突问题上的处理不满,僧侣还曾公开示威要求政府下台。从目前的局势来看,现政府虽然试图"控制"佛教-民族主义势力,但由于僧侣的崇高地位,政府无法进行强制性管控。

纵观缅甸1000多年的政治发展史,在王权/政府和僧侣的共同建构下,上座部佛教僧侣形成了深厚的入世传统,体现了僧侣在政治和公共事务上不受朝代更迭和政策变动影响的自主性。虽然在不同的时代背景下,僧侣参与公共事务的内容和方式有不一样的体现,如在封建时期更多是对王权的积极协助,在殖民时期表现为对外来者的抵制,而自独立以来僧侣参与的公共议题更加多元化,但不变的是僧侣对公共事务参与的热情,僧侣一直是影响缅甸历史走向的积极主体。而僧侣这种参与公共事务的自主性,是佛教文化在缅甸社会中嵌入的体现。

上面的内容是对佛教僧侣作为能动者参与政治事务的历史传统的讨论,而这样的参政、议政传统又是以上座部佛教文化对缅甸社会的充分嵌入为基础的。从缅甸人的日常生活及社会文化的各个角度,上座部佛教文化的特征都能被看到。

缅甸是以上座部佛教为主要信仰的国家。根据缅甸2014年人口调查的数据,缅甸5000多万人口中有89.8%的人信仰佛教。因此,无论是缅甸人的自我认同,还是在外人看来,缅甸都被认为是一个"佛教国家"。

在缅甸人民看来,佛教不仅是一种信仰,更是一种生活方式,包含了他们的精神、文化与政治认同。佛教对缅甸人的一生都有重要影响,贯穿于他们的社会、经济、政治与文化生活之中。缅甸文化的一个特色是有名而无姓。有名无姓的文化特征使缅族缺乏宗族概念,进一步导致民族和国家概念的弱化。因此,缅甸社会需要一个比宗族、民族和国家概念更具有凝聚力的认同来维持社会的团结。而缅甸文化的萌生与发展又都基于上座部佛教文化。如，缅族人在人种学上是藏缅系人种，但在缅族文化中却认为缅族是释迦牟尼佛家族后人自印度迁移过来的，缅语是自巴利语（记录上座部佛教经典的语言）演变而来的，缅文也是自梵文演变而来的。在缅语中，寺庙与学校属同一个名词。从蒲甘王朝到最后一个王朝贡榜王朝，缅甸的封建历史中，寺庙教育一直都是王公贵族唯一的教育制度。至今，许多寺庙还承担着学校的功能。缅族的传统节日几乎全部都是与佛教有关的节日。可以说，如果将上座部佛教文化抽出，缅族文化也就无法存在了。

可见，对缅甸社会来说，基于佛教的认同是一种超越民族认同和政治限制的认同，是否佛教徒，成为缅甸人区分自己人和他人的最重要因素。佛教文化深深地嵌入缅甸社会，缅甸人不论处在社会的哪个层面，其思维和行为模式都会受到佛教文化的影响。因此，佛教不可能成为一些政客根据策略任意使用的工具，相反，政客的言行及决策常常会受到佛教文化的影响。

缅甸僧侣悠久的入世传统及深厚的佛教文化嵌入性，不仅表现在一些特定的、重大的政治事件中，更表现在僧侣与社会日常生活之间的互动细节当中。这些具体的互动关系，既是僧侣入世传统和佛教文化嵌入性的体现，也是僧侣入世传统和佛教文化嵌入社会得以维持和继续的手段。上文中曾谈到佛教僧侣起草法律、抗议外来者或政府等行为，都是僧侣参与公共事务的结果，而不是典型的参与的形式和过程。僧侣对公共事务的参与，实际上是通过在日常生活中建立、维持僧俗互动关系来完成的。

在佛教与社会的互动中，佛教通过将公共领域带入佛教领域的方式获得了僧侣介入社会事务的途径；通过将佛教领域带

入公共领域的方式,增进了僧侣与社会事务的关联度。在这两
种模式的作用下,缅甸僧侣才能一直在公共事务中表现出积极
的自主性。

中篇

曲折的现代国家发展之路

缅甸的建国大业

公元1948年1月4日凌晨4时20分,缅甸正式宣布脱离英殖民统治,实现独立。

这场庄严的独立开国大典在当时的首都仰光的总督府前举行。在缅甸大地上殖民统治了120多年的英国的国旗在浓雾中缓缓降下,随之冉冉升起的,是依据1947年《缅甸联邦宪法》制定的缅甸联邦国旗。当时的缅甸联邦国旗以红色为底,左上方有一个蓝色方块,蓝色方块内是5颗白星围绕着一颗大白星的图案。大白星象征着缅族、孟族、若开族三个文化与祖源相近的民族,而另5颗白星则指掸、钦、克钦、克伦、克耶等5个与缅族等具有明显文化差异的民族,寓意对民族大团结的美好向往。

缅甸联邦的首任总统苏瑞泰主持了升旗仪式,宣读了独立宣言,并发表讲话。随后,总理吴努和副总理兼国防部长伯勒雅也发表了独立讲话。

然而特殊的是,作为缅甸执政联盟——反法西斯人民自由联盟的主要组成部分,同时也是缅甸独立运动的主要力量之一——缅甸共产党的总书记德钦丹吞与其他党员却都没有参加这场对新缅甸国而言最重要的典礼。所有的共产党员包括共产党籍议员与内阁成员都留在了建国议会大厅内,等待着举办另一场"内部的"独立仪式。

在缅甸联邦独立首日就已表现出的这种党派之别似乎已

暗示着反法西斯人民自由联盟未来将不可避免地陆续出现分化。

缅甸虽然在1月4日获得了独立,但是正如缅甸共产党所警告的一般,虽然在政治上独立了,但缅甸在经济上并没有获得相对应的独立地位。

实际上,缅甸的独立是以极不平等的债务换来的。为了从英国的殖民统治下获得独立,吴努在与当时的英国首相克莱门特·理查德·艾德礼签署《努-艾德礼协议》时,承诺将向英国赔偿3.56亿缅元,向美国支付500万美元,代替英国支付殖民时期英国聘任的印度籍公务员的退休金6900万缅元。此外,缅甸独立政府为了将那些剥削了缅甸120年之久的殖民企业收归国有,也还需要另外向那些企业补偿6亿缅元。

雪上加霜的是,缅甸在独立之前的1942年至1945年又曾遭遇两场大型战争。当日本于1942年入侵英殖民缅甸时,英国在被迫撤离的同时对当时的道路、桥梁等进行了破坏。而当英国于1945年再度攻打回来,日本败退时,日本又再次对缅甸的大型桥梁和道路等基础设施进行了大肆破坏。因此,缅甸是在国内建设满目疮痍,且要接受国外各种不平等赔偿条约的情况下完成独立的。

同时,缅甸虽然以联邦之名建国,但实际上在1947年出台的《缅甸联邦宪法》中尚未能完整地确定对国境内的各民族邦的划分。当时仅仅为掸族划定了掸邦,为克钦族划定了克钦邦。而孟族和若开族的聚居地则还未能及时确定为邦,而是被称为罗摩亚省与若开省。钦族的聚居地则被称为钦族特征省。克伦族的聚居地被定为果都嘞特区。

另外,在国防方面,当时的缅甸也有着极其明显的后殖民地特征:英国的军事部队依然停留在缅甸境内;根据《努-艾德礼协议》，缅甸必须允许英联邦成员国的战机和舰艇停靠；国防部长虽然由缅族的伯勒雅担任，但军队的实际领导人——国防军总司令、副总司令及许多主要将领都是克伦族人；虽然反法西斯人民自由联盟政府的中坚力量是人民起义党，但军队里则是以倾向共产党的将领为主的。

不仅在将领层面如此，在具体的军人组织层面，民族分离的情况也颇为类似。缅甸在独立之初，缅甸国防军有6个缅族营、3个克伦族营、3个克钦族营、2个钦族营、1个廓尔喀营。除了这些以不同民族组成的军营外，缅甸国防军中还有其他武装力量，如英殖民时期组成的克伦军警部队、作为国防军后备军的人民同志部队、可根据需要扩编的镇压叛乱部队、由克伦民族联盟组成的克伦民族保卫组织、孟族统一战线成立的孟族保卫组织、掸族土司的私人警卫队等。

以上都是属于体制内的武装部队，名义上还是在国防军的统一指挥之下。然而，独立之初，缅甸不仅在体制内的国防军体系内派别林立，还有体制外的被定性为"非正义"的武装组织。这些武装组织在独立前就已纷纷成立，并在独立前后壮大起来。如属于红旗共产党的红旗军、共产党的红军、若开共产党、若开青年联盟与穆斯林圣战组织。

总而言之，刚从英殖民统治下获得独立的缅甸，不仅因英殖民的侵略而元气大伤，还因第二次世界大战而百废待兴。在这样的客观条件下，缅甸各民族与各政治组织原本应该团结一致，共谋发展，实际上却因为民族主义和政治理念的不同，派系林立，互相制衡甚至斗争。作为缅甸最主要的政治力量，反法西斯人民自由联盟不仅未能解决以上政治和民族问题，反而其本身就成为斗争的旋涡中心。

反法西斯人民自由联盟从一个海纳百川的政治大联盟逐

步走向排除异己的单一政党,并且在单一政党的情况下再进一步分裂,最终导致军方对缅甸的长期接管过程,可分为三个阶段:(1)1944—1946年,反法西斯人民自由联盟成立到举行首次全国代表大会为第一阶段;(2)1946—1950年,共产党分裂并被逐出联盟,随后联盟的主导政党社会党内也分裂出工农党(红社会党),此为第二阶段;(3)1950—1964年,反法西斯人民自由联盟从政治大联盟发展为单一的社会党,社会党内又因政见不同分为巩固派与廉洁派,最终被军方取缔,此为第三阶段。

第一阶段(1944—1946年)

第二次世界大战期间,以昂山将军为首的"三十志士"通过引入日本军队,成功将英殖民政府从缅甸境内驱逐出去,然而缅甸却并未因此而获得独立,反而是进入了日本法西斯的统治之下。为了推翻日本法西斯的统治,1944年8月7日,缅甸共产党、人民起义党、缅甸独立军在地下成立了具有联盟性质的"消灭法西斯人民自由联盟"。由昂山将军任主席,缅甸共产党总书记德钦丹吞任联盟总书记。随着第二次世界大战的结束,联盟认为其工作宗旨已经从"消灭法西斯"进入"反法西斯"的阶段,因此改名为"反法西斯人民自由联盟"。

联盟起初由缅甸共产党、人民起义党、缅甸独立军三个组织各派3名代表组成9人的中央委员会。联盟于1945年改名时,又吸纳了一些具有影响力的独立人士,其中央委员会也扩充为16人。而在1946年1月17日至23日举行首届全国代表大会时,联盟已经由15个组织成员组成,其中包括4个民族组织,中央委员会也再次扩充到36人。

1945年8月16日出台的《反法西斯人民自由联盟章程(临时)》中表示:"缅甸国应由缅甸国内的各民族在自由和同意之

下建立。在此建国过程中,各民族应具有独立决定其未来的权力。"这个阶段可以说是反法西斯人民自由联盟最为高光的时刻。联盟不再仅仅是缅族的政治团体,而是代表整个国境内各民族、各政党的团体,昂山将军也因此从缅族人民领袖成为代表全国的民族领袖。

第二阶段(1946—1950年)

然而,反法西斯人民自由联盟凝聚起来的民族团结未能维持太久,在通过与同盟军合作,将日本法西斯驱逐出去后,随之而来的是联盟的分裂、昂山将军的被刺杀和内战。

最早自联盟中分裂而出的是缅甸共产党。1946年2月22日,联盟的三大成员之一缅甸共产党内部发生分裂,强硬派领袖德钦梭脱离缅甸共产党并另组共产党(缅甸)。由于新成立的共产党(缅甸)的党旗为红底上一颗空心的黄星和三颗实心黄星,而原来的缅甸共产党党旗为白底上一颗红星和三颗黄星,因此也以红旗党和白旗党之名来区分两党。

1946年7月,反法西斯人民自由联盟将红旗共产党定性为非法组织,红旗共产党于是转入地下和林中,进行武力反抗。同时,反法西斯人民自由联盟中,已经占主导地位的缅甸社会党(1945年8月由人民起义党改名而来)与缅甸共产党的政治分歧却未因红旗党的脱离而有所缓和。1946年10月28日,反法西斯人民自由联盟将缅甸共产党自联盟中驱逐,但缅甸共产党依然能以合法政党的身份继续活动。此时,由退伍军人组成的人民同志组中支持共产党的也成立红军而离开联盟与缅甸共产党结合。1947年4月9日举行的建国议会选举上,在总席位255席中,联盟候选人获得了171席,而缅甸共产党只获得了7席。

　　就在反法西斯人民自由联盟与缅甸共产党关系微妙时刻，发生了一个重大的转折事件。不论是缅甸共产党、缅甸社会党、缅甸独立军还是三者发起成立的反法西斯人民自由联盟，都是创始人之一的昂山将军于1947年7月19日被格隆吴梭刺杀而死。昂山之死也标志着缅甸的独立运动再次遭受波折。

　　1948年2月，即缅甸获得独立后的第二个月，缅甸全国工人联盟大会就发动了75000人规模的示威游行，总理吴努认为示威游行的背后是缅甸共产党在主导，因此在3月27日也将缅甸共产党定为非法组织，要求逮捕缅甸共产党领袖，从此与缅甸共产党完全决裂。缅甸共产党也走向了武装革命的道路。缅甸共产党作为缅甸历史最悠久的政党，在其生命中只有1945—1948年这三年中以合法政党身份活动。

　　而反法西斯人民自由联盟对缅甸共产党的清剿又使联盟进一步分裂。人民同志组与社会党互相指责，人民同志组认为是社会党的排外致使缅甸共产党出走，而社会党则认为是人民同志组的暧昧态度致使无法对缅甸共产党进行有效清剿。1948年5月25日，总理吴努提出了"左派团结15条原则"（"努15条"），人民同志组中对"努15条"产生了分歧，其中以白袖章为标志的"白同志"反对"努15条"，自建人民同志党，脱离了联盟与人民同志组，而剩余的以黄袖章为标志的"黄同志"则支持吴努而继续留在联盟中。而社会党中一部分同情缅甸共产党境遇的也脱离出去另组"红社会党"。

　　与此同时，克伦族、孟族、掸族、若开族等民族势力也因为在缅甸宪法中未能获得民族邦的地位陆续退出了联盟进行武装革命。由于各种武装和民族势力的分裂活动此起彼伏，中央政府统一称之为"彩色叛乱"。

　　1949年，国防军中的克伦营等脱离并与克伦民族联盟联手向中央政府发起攻势,甚至攻打至仰光市外的永盛镇区,为此,当时的缅甸中央政府曾被戏称为"仰光市政府"。原克伦族国防军总司令斯密斯敦被撤职,由原"三十志士"成员、北部军区司令奈温将军接替成为新一任的总司令。奈温确实逐步平息或暂时压制住了各地的叛乱,使得缅甸未因此出现四分五裂的局面。但当时无人能够预料到让奈温接任国防军总司令一职所产生的影响还将怎样进一步改变缅甸政治的发展道路。

第三阶段(1950—1964年)

反法西斯人民自由联盟进入第三阶段的时候,联盟实际上已经不复存在,而只是一个单一的社会党。但单一的社会党依然继续发生分裂。

1956年,缅甸再次举行大选,反法西斯人民自由联盟继续赢得大选,吴努再次被推选为总理。不过,虽然联盟再次赢得大选,但也被指责内部腐败严重,为此,1956年6月12日,吴努辞去了总理职务,专心于党内的廉洁工作,由吴巴瑞继任总理。12月29日,联盟举行了委员大会对吴努是否应恢复总理一职进行了决议。1957年2月25日,吴巴瑞辞去总理职位,任副总理,而吴努再次被议会推选为总理。

然而,吴努恢复原职后第二个月,反对派就在议会中发起弹劾,虽然弹劾并未成功,但却使联盟发生了分裂。以吴努为首的一派自称为"廉洁派",而以吴巴瑞等为首的一派则为"巩固派"。第二年,1958年6月,"巩固派"也在议会里发起对吴努的弹劾,以115票对127票的8票之差再次失败。随着联盟内部在议会和内阁中都产生了严重分裂,据后来的说法,吴努"邀请"了国防军总司令奈温上将接管权力以稳定局势。1958年9月26日,吴努向缅甸全国发表了广播讲话,邀请总司令奈温上将接管权力,10月28日在议会上吴努内阁集体辞职,并任命奈温上将为总理,奈温随即宣布成立"看守政府"。

看守政府执政后宣布了四项工作:(1)实现法治与稳定;(2)待实现法治且如获得各政党的配合将在6个月内举行自由公平的大选;(3)降低生活成本;(4)经济复兴。

看守政府执政时期政绩也是可圈可点。1959年4月29日,看守政府在掸邦首府东枝市举行了掸族座把(土司)的"放权"仪式,34位掸族座把宣布放弃各自的地方权力,而看守政府则向众座把一次性发放了"退休金"2500万缅元。

1960年4月,看守政府如期举行了大选,吴努在"廉洁派"的基础上成立的"联邦党"获得了52.7%的选票,赢得了议会250席中的157席,再度执政。

再度上台的吴努这一次进行了大刀阔斧的改革。1961年修改了宪法,将佛教定为国教,并规定政府每年要支出50%的财政经费用于宗教事业。吴努的国家"佛教化"政策马上遭到了克钦、克伦等信仰基督教的民族的反对。1962年,掸族人又依据宪法中的"国家独立10年后可根据各民族意愿分离联邦"的条文要求讨论掸邦的"去留"问题。吴努总理于是宣布将在3月1日举行会议讨论联邦问题。

然而这彻底让民族主义强烈并以守护国家为己任的奈温上将大为不满,他认为这是国家分裂的前奏,于是在3月2日发动政变,扣押了总统曼温貌、总理吴努、5名部长、首席大法官与掸族和克伦尼族(后也称克耶族)的政治领袖30多人。而在扣押前总统苏瑞泰时发生交火,导致前总统苏瑞泰之子苏密密泰死亡。

奈温上将于4月30日发布了国家将走向"缅甸社会主义道路"(亦被译为"缅甸社会主义纲领")的讲话,废除了原有的《缅甸联邦宪法》(1947年),7月4日成立了缅甸社会主义纲领党,自任主席。但当时奈温上将依然是以军政府的形态管理国家,当时国家最高权力机构是奈温上将成立的革命委员会,因此这段时间也被称为革命委员会时代。

奈温上将直到1974年1月3日才推出了新的宪法《缅甸联邦社会主义共和国宪法》,缅甸进入社会主义政府时代。在这部新宪法中,奈温的社会主义纲领党政府充分吸取了先前的教训,把全国的行政区域划分为7个省和7个邦,7个省为缅族的主要聚居地区,而7个邦为各大民族的聚居地区,克伦族、掸族、孟族、钦族、若开族等此前争取民族权益的大族都获得了民族邦的地位。取消了各民族可脱离联邦的权力。取消了佛教作为国教的地位,给予了所有宗教信仰同等的地位。将国家的最高权力机构从革命委员会改名为国家委员会,并且国家领导人都卸去军职,以所谓"文官政府"的形式管理国家。

缅甸特色社会主义道路

奈温上将所领导的社会主义纲领党政府起初受到了广大民众的欢迎。然而,随着时间的推移,理想化和强硬的军人统治的弊端也就随之显现,政府和社会的矛盾不断。就在社会主义纲领党政府执政元年——1974年,就爆发了一次规模不小的群体性事件。

1974年12月1日,曾经担任联合国第三任秘书长的缅甸著名外交官吴丹逝世后,遗体被送回缅甸安葬。而与吴丹政见不合的奈温总统则刻意降低规格,将遗体安放在一个赛马场上,只交由红十字会负责管理,并决定在12月5日进行火葬。这样简单的处理方式让大学生们感到强烈不满。5日,大学生和民众来到赛马场上向吴丹遗体告别,随着追悼人数越来越多,大学生决定不能以如此简单的方式处理吴丹人生的最后一程,并提出"为和平之父吴丹建立陵墓"的诉求。随后,群情激愤的学生们将吴丹的遗体抬至仰光大学的毕业典礼大会堂中安放。6日,学生们要求奈温政府必须给予吴丹国葬规格。由于没有得到政府回复,学生们决定在大学内自行举行葬礼,并为吴丹建立陵墓。7日,政府决定为吴丹设定一个陵墓地点,并由吴丹之弟与女婿同学生商量。8日,学生们在向吴丹进行最后的告别仪式后,依然不愿意将吴丹遗体交出,还是将吴丹安葬在了学生们建造的陵墓之中。直到12月11日凌晨2点,政府出动军方强行攻入校园内,破坏了陵墓,将吴丹遗体取出并在原计划的地点安葬。而学生们也向政府机关、警局、电影院等纵火报复,这些破坏行动又受到军方的武力镇压。

社会主义纲领党政府就这样在"吴丹事件"下开始了统治,然而,其缅甸特色的社会主义道路却遭遇了许多失败。其中一个重要原因是,纲领党连续的经济和金融政策失误给缅甸的经济造成了严重的影响。

1985年11月7日,纲领党政府突然宣布将全国的面值100、50和20的钞票废除。11月11日的时候出版面值75的新钞。然而,两年后,1987年9月5日,纲领党政府再次废除了当时流通的25、35、75等面值的钞票。而就在1987年8月18日,已经卸任总统一职的纲领党主席吴奈温在电视演讲中承认自己在25年的统治中做了很多错误决定,缅甸需要进行经济改革。

回过头看,在1984年,纲领党政府执政的第10年,被誉为缅甸粮仓的伊洛瓦迪省竟然出现了粮食短缺的现象。到了1987年底,缅甸被联合国列入了最不发达国家行列。此时,一场寻常的大学生斗殴事件成了引发全国性社会运动"8888事件"的导火索,并终结了纲领党政府。

1988年3月12日,3名仰光工科大学的学生在一家茶馆内与社会人员发生争吵斗殴,学生不满警方的处理,进而引发了连续性的不断扩大的群体性事件。一名大学生中弹身亡后,抗议规模进一步升级,演变成要求政府下台的社会运动。随着事件的不断恶化,7月23日,奈温主席召开了党代会紧急会议,并在会议上宣布,包括自己和总统在内的多名高层都将辞去现有职务,并将举办全民公投决定是否召开大选,承诺将会把权力转交胜选政党。虽然这些决定原本都应产生缓和局势的作用,但其在会议上的一些言论,却再次激起了民愤。充满了"军人"特色的表达,不仅没有起到威慑作用,反而使社会抗议加剧,最终导1988年8月8日发生了全国性的抗议事件,即"8888事件"。全国进入无政府状态,一个月内更换了两任总统。随着局势的失控,9月18日,当时的国防军总司令苏貌上将在奈温的指示下接管了政权,结束了纲领党政府的统治。

苏貌上将接管权力后,成立了国家恢复秩序与安宁委员会,并宣布将在2年后举行大选。也正是在此时,因为母亲病重,昂山将军之女——昂山素季从英国返回看望母亲,也因为这场运动踏入了缅甸政治运动之中,成立了全国民主联盟。缅甸政治从吴努时代的"多头"转折到奈温时代的"单头"后,现又因"8888"事件进入军政府和民盟的"双头政治"时期。

苏貌上将成立的国家恢复秩序与安宁委员会在接管政权后不久,即出台了《政党注册法》,开放了政党注册通道。被拉下台的缅甸社会主义纲领党在9月26日改名为民族团结党,重新注册。第二天,即27日,以在1962年奈温政变中任军中第二把交椅,后来被奈温撤职的吴昂基为首的老军长团体,与以同样被奈温于1976年撤职的原国防军总司令吴丁乌为首的爱国老同志团体,同以昂山将军之女昂山素季为首的知识分子团体,联合起来成立了全国民主联盟(下简称"民盟")。民族团结党和民盟的成功注册为其他政治团体提供了信心,于是纷纷注册成立政党,从1988年9月到1989年2月,缅甸就新增了235个政党。

缅甸民盟成立之初,由吴昂基任主席、吴丁乌任副主席、昂山素季任总书记。11月29日,民盟主席吴昂基召开了紧急会议,要求昂山素季将知识分子团体中具有共产党倾向的8名成员开除,但遭到昂山素季的拒绝,于是两人决定在中央委员会进行投票决议,并规定失败者必须离开民盟。12月3日的党内投票,由3个团体各出14人组成中央委员会成员,知识分子团体全体和爱国老同志团体全体以及吴昂基领导的老军长团体中的1人都将票投给了昂山素季,导致吴昂基的提议失败。除了投票支持昂山素季的一位老军长之外,吴昂基与其余13名老军长均被开除了民盟党籍。吴丁乌成为新的民盟主席,昂山素季继续担任总书记职位。但是,民盟在完成注册后的3个月内就出现了分裂。1989年7月19日是缅甸烈士节,即昂山素季之父被刺杀的日子,因为民盟违反军政府的命令号召群众自发游行纪念,主席吴丁乌和总书记昂山素季被军政府分别软禁起来。民盟成为政党不到1年,3位创始领导人中一人被开除党籍,两人被军政府软禁失去自由。

军政府于1989年11月18日宣布,将于1990年5月12日举行多党制大选,此时,新增的235个政党已经因各种原因而解散至93个,而大选结束后又仅剩10个政党。

民盟在其创始人都被软禁的情况下,大选结果没有受到影响。当时投了昂山素季一票的老军长代表吴集貌成为新一任主席。在他的领导下,民盟在1990年大选的485个席位的争夺中,获得了396个席位,成为第一大党。而由缅甸社会主义纲领党改组的民族团结党仅仅获得10席。这大大出乎军政府的预料。

随后,民盟和军政府在先起草宪法还是先移交权力上产生了分歧。民盟认为,应将国家权力先移交给胜选政党,并由该政党起草宪法;而军政府认为胜选议员的责任是先起草宪法,之后军政府将权力移交给依据宪法成立的政府。而其间,民盟主席吴集貌在7月13日回答国外媒体关于是否会成立"纽伦堡军事法庭"时说:"……这是刻意放大的矛盾。不是这样的。但是,像钦纽这样的人,可能他自己会担心吧。"这里的钦纽指的是在1988年军事政变中,扮演着重要角色的军事情报局首长钦纽准将。吴集貌的这个回答被认为是影响军政府移交权力的原因之一。

两个月后,9月6日,吴集貌等民盟领袖被军政府拘捕,由民盟中爱国老同志团体的吴昂瑞继任党主席,在军政府的要求下,他同意了不自行召开议会、在军政府主导下起草宪法的意见。1991年,在软禁中的昂山素季获得了诺贝尔和平奖,于是,军政府要求吴昂瑞开除昂山素季的党籍,否则取消民盟的合法政党的身份。1991—1992年间,吴昂瑞在军政府的要求下,陆续开除了昂山素季等12名党内领导的党籍。

1992年,国家恢复秩序与安宁委员会主席苏貌上将突然因为"健康原因"退休,由原来的副主席丹瑞上将继任。丹瑞上将继任后,要求奈温亲笔写公告,让所有政府及军事部门撤下自己的照片。丹瑞还将自己的军衔进一步提高为此前没有的"大将"军衔,以示自己高于缅甸国防军创建以来所有的军方领袖,包括昂山少将、奈温上将和梭貌上将。

丹瑞大将随后召开了制宪国民大会,并邀请包括民盟在内的各政党参加。民盟参加的前提是,撤销此前自行成立的人民议会代表组织。而民盟同意参加后,军政府也于1995年陆续释放了包括昂山素季、吴丁乌在内的30位民盟领袖和干部。

然而,昂山素季获释后4个月,她就率领民盟抵制了制宪国民大会。1995年11月29日,制宪国民大会会议召开时,民盟的全体86名代表都缺席了大会。由于民盟的抵制,制宪国民大会先是取消了民盟的代表资格,并宣布暂时中止大会,其间曾短暂地重启大会,但几个月后再次暂停,这一停就停了8年,直到2004年才又重启。

1997年11月15日,军政府将最高权力机构国家恢复秩序与安宁委员会改名为国家和平与发展委员会。虽然昂山素季与民盟抵制了制宪国民大会,但起初并未受到军政府的限制。然而,在1998年9月16日,民盟连同一些同盟政党成立了人民议会代表委员会,民盟与军政府的关系再次变得紧张。由于昂山素季试图在全国进行政治宣讲,2000年9月1日被军政府短暂控制自由,2周后恢复自由时,昂山素季再度于9月21日试图去外地宣讲,再次被军政府阻拦并软禁。直到2002年5月6日才再度获释。

昂山素季获释后一个月,再次展开全国宣讲活动。这时,军政府不再直接出面干涉,而是成立了名为联邦巩固与发展协会的“民间组织”,与民盟在社会层面上展开竞争。2003年,昂山素季所到之处都会遭到联邦巩固与发展协会组织的反对。5月30日,昂山素季抵达迪贝因市时,双方发生了严重的暴力冲突,造成多人死亡。为此,军政府再次以危害国家稳定的罪名将昂山素季软禁起来,并再次查封民盟。这次软禁原本将在2009年期满,但由于发现了一名美国公民非法潜入昂山素季家中,军政府借此继续将其软禁期再延长了1年6个月。

迪贝因暴力事件发生后,2003年,军政府领导丹瑞大将宣布了"七步民主路线图",第一步就是重启自1996年以来一直处于休会状态的制宪国民大会。2004年,制宪国民大会得以重启。2007年9月3日,就在制宪国民大会宣布完成"制宪原则"的制定时,缅甸物价出现大幅波动,发生了被外界誉为"藏红花革命"的僧侣大游行。

这场僧侣游行被平息后,军政府也加快了宪法起草的进程。4个月后,即2008年2月19日,《缅甸联邦共和国宪法》宣布完成。由于成法年是在2008年,因此,这部宪法俗称为"2008宪法"。宪法起草完成后,军政府宣布于5月10日举行宪法公投。虽然5月2日缅甸南部发生了严重的纳尔吉斯风暴灾害,但除了受灾的47个城市的公投被延后两周外,其余城市如期举行公投。根据军政府于5月29日公布的结果,"2008宪法"草案获得了92.48%的赞成票而正式通过。

双头政治的形成

"2008宪法"是在军方主导下完成的,为军方对缅甸保持政治领导角色设置了许多"特权"与"优势"。如宪法中规定,要保障军方对缅甸国家政治的参与;国防军总司令是武装部队的最高领导;军务由军队自主;国防部、内政部与边境事务部的部长由国防军总司令提名;议会中25%的席位由国防军总司令直接任命;由议会推选3名副总统,并从中再推选出总统,而军方代表可推选一名副总统;修改宪法则要获得议会超过75%的议员同意;等等。并且削弱了政党政治的力量,如宪法中规定,任何政党的候选人在被推选为国家领导人后,就不得参与党务。

在这部宪法的保障下,2010年3月8日,军政府出台了一系列选举法:《联邦选举委员法》《政党注册法》《人民院议会选举法》《民族院议会选举法》《省邦议会选举法》等。随后,要求所有政党依据上述法律重新进行注册,否则将失去合法政党身份。民盟内部对是否重新注册产生了分歧,民盟中央委员会最终决定不注册不参选,这导致一部分人脱离了民盟,又组建了新的政党:全国民主力量党。而军政府之前成立的联邦巩固与发展协会也进行了政党注册,转型成为联邦巩固与发展党(下简称"巩发党"),军政府多名高层脱下军装,加入该党,由原上将、国家总理登盛担任党主席。

军政府随后宣布将于11月7日举行首次大选。而民盟及其盟友则发起了抵制运动,但在军方的严格管控下,并未引起太大的社会反响。最终,有86个政党参加了选举,而巩发党则在民族院获得了129席(可选议席的76.79%)、在人民院获得了259席(可选议席的78.48%),成为第一大党,而时任军政府总理的巩发党主席吴登盛则在2011年首届议会召开时被选为首任总统。

2010年大选就这样成功举行,但在第7天,即2010年11月14日,军政府将昂山素季从软禁中释放。这个消息相比大选更受到了国际社会和缅甸国内的关注。不过,无论如何,缅甸政治即以其自身方式开始了转型。

2011年8月19日,总统吴登盛会见了昂山素季。会后,昂山素季就改变了口风不再反对参选。2012年4月1日,缅甸举行首次补选,以填补在2010年大选中获胜的巩发党议员因为出任公职,造成的议会45席空缺。民盟决定参选其中的44席,并获得了43席的胜利。从此,民盟踏入了"2008宪法"所制定的体制之中。

2015年11月8日,缅甸举行第二次全国大选。而在此前,巩发党内部也出现了巨大的分歧。时任总统吴登盛在军政府时期属于第四号人物,而时任人民院议长吴瑞曼则是第三号人物。起初,大家都认为,丹瑞大将和貌埃副大将都将退休,因此吴瑞曼将有可能成为新一届总统。但实际上,丹瑞大将却安排第四号人物吴登盛成为总统。这使得吴瑞曼一直愤愤不平。为了扩大自己的影响力,钳制总统吴登盛,在2012年10月召开的党代会上,吴瑞曼就以宪法中国家领导人不得参与党务的条文为由,设法让自己从副主席晋升为执行主席。2015年,当一些军方高级将领依照2010年大选的做法,从军队中退休,加入巩发党备选时,却被吴瑞曼否决了参选资格。同时,包括两名总统府部长在内的多名内阁成员和地方首长也被吴瑞曼否决了参选资格。至此,吴瑞曼与吴登盛及军方的关系完全破裂。于是,8月12日晚,在吴登盛的指示下,安全部队包围了巩发党总部及吴瑞曼的住所,随后巩发党宣布重组,吴瑞曼及其亲信均被解除党内职务。在大选前发生这样的事,对巩发党来说无疑是一个重大的打击。

由于这是民盟在1990年大选以来,第一次获得参选的全国性大选,因此相比于2010年大选更受瞩目。社会的一个普遍担心是,即便民盟这次赢得大选,军政府是否真的会移交权力?为此,总统吴登盛和总司令敏昂莱大将都在大选前向媒体承诺,将会尊重大选结果和根据宪法所产生的政府。社会和媒体也都自发地担当起监督职责,以防止选举委员会和巩发党存在作弊的可能性。

另外,虽然这次是昂山素季首次参加全国性大选,但即便她和民盟赢得了大选,她依然无法成为国家最高领导人——总统。因为宪法对总统候选人的条件有规定,候选人的婚姻伴侣、子女和子女的婚姻伴侣不得是外国籍。而昂山素季的已故丈夫和两个孩子都是英国人。这条宪法条文被认为是为昂山素季"量身定制"的。对此,昂山素季在大选前2天向媒体公开表示,大选胜选后,她将位于总统之上。

2015年大选就是在这样的情况下成功举行的。民盟在91个政党的争夺战中脱颖而出,成为最大赢家。民盟在民族院议席中获得135个席位(可选议席的60.27%)、在人民院议席中获得255个席位(可选议席的57.95%);而巩发党仅仅在民族院获得11席、在人民院获得30席。这一次,军政府"愿赌服输",在2016年4月向民盟移交了权力。

在4月1日民盟获得权力后,民族院与人民院通过的首部法律就是《国务资政法》,将国务资政的职位排在了总统之后、两名副总统之前,而任期与总统相同。这是专门为昂山素季打造的新职位。昂山素季通过这样的方式,虽然名义上无法成为最高领导人,但依然获得了实际的权力。

民盟政府的首任总统为吴廷觉。但吴廷觉在2年后就突然宣布因为"健康原因"辞职。为此,联邦议会(即人民院与民族院合议议会)只能重新推选总统,民盟党籍的人民院议长吴温敏被推选为接任总统。两位总统在上台时的首次国事演讲都将"实现缅甸民族和解""修改宪法实现真正的民主""推动社会经济的发展"作为三大目标。

然而,民盟政府在其5年的任期内并未能实现上述三大目标。这既有客观因素也有主观因素。首先,民盟本身没有执政经验,这是民盟在推动社会经济发展上绩效不佳的主观原因;而民族和解因为牵涉到许多利益和目的都不尽相同的民族地方武装与军方,且自独立以来就伴生的缅甸民族问题迄今已有70年历史,民盟也难以凭一己之力和五年之功就彻底解决;修改宪法工作则因为宪法本身规定必须超过75%的议员同意,而军方又占据了25%的无须选举的席位,因此在军方不同意的情况下,也无法实现。

2019 年,随着第三次大选的接近,民盟依然在议会中发起了修宪的行动。虽然该行动正如大家预想的那样,只是无功之举,且被认为只是民盟为选举提前造势的策略,但依然使民盟和军方之间的形势更加紧张。2020 年,缅甸也遭遇了全球性新冠疫情,虽然疫情严重,但民盟依然决定在疫情期间举行第三次大选。这又引发军方及巩发党的强烈不满。

2020 年 11 月 8 日,第三次大选如期举行,民盟再次获得大胜,在人民院获得 258 席、在民族院获得 138 席,共 396 席,较 2015 年大选甚至多出了 6 席。而巩发党则在两院只获得了 33 席,较 2015 年大选少了 8 席。

针对这个“意料之外”的结果,巩发党最先提出强烈的质疑,随后军方也开始对大选提出质疑。不久,军方就提出大选中有 800 多万的选票有舞弊的嫌疑,要求选举委员会解释,并要求新一届议会推迟召开。然而,选举委员会强硬地回复,根据相关法律规定,选举委员会没有义务向非选举相关组织机构报告。而议会也未理会军方的要求,决定按照计划在 2021 年 2 月 1 日召开。

于是,军方在 2 月 1 日凌晨发动了政变,扣押了总统吴温敏、国务资政昂山素季及各省邦首长等人,使军方推选的第一副总统吴敏绥成为临时总统,并由临时总统宣布国家进入紧急状态,将行政、立法、司法权等均移交给了国防军总司令敏昂莱大将。

自 1988 年以来,经过了 22 年艰难的准备与推动并终于在 2010 年大选开始启动的民主转型,在短短 10 年后再次崩溃。

民族和解的艰难推进

　　缅甸是个多民族国家。正如上文所说,缅甸自1948年独立后不久就发生了民族内战,至今尚未实现各民族和解。推动解决民族和解问题一直就是各届政府的首要工作。

　　缅甸民族问题错综复杂,而为了能对缅甸民族问题有个基本的理解,我们首先要了解缅甸的民族观。"土地的吞噬不会使人种灭绝,只有人的吞噬才会使人种灭绝",这是缅甸全国各级人口管理部门都会悬挂的一行字。由于缅甸在地理上位于印度及中国两个人口大国之间,又是多民族杂居的国家,加上自独立以来就伴随产生的国内民族问题,占人口多数的缅族在文化深处一直存在着被其他民族"吞噬"的恐惧。这样的文化心理观念又使得缅甸产生了独特的民族与公民政策。

　　要讨论缅甸的民族政策,当然首先是要搞清楚缅甸到底有多少个民族。但是,这个问题却有两个答案,一个说法是缅甸有8个民族,另一个说法则是缅甸有135个民族。到底哪个是正确的呢？为了弄清这个问题,我们又要先弄清楚,在缅甸,"民族"这个词到底是怎么被使用的。

　　在缅语中,指称"民族"的词有三个。首先是"卢缪",如果直译为中文就是"人种"的意思。第二个词是"卢缪素",直译为中文就是"人种群"或"族群"。第三个词是"岱因搭",直译为中文就是"原住民"。针对缅甸民族的种类和数量,目前流传最广的说法就是,缅甸有8个"卢缪"(人种),这8个"卢缪"又可分为

135个"卢缪素"(人种群),而这135个"卢缪素"都是"岱因搭"(原住民)。所以,"卢缪素"可以理解为是"卢缪"的分支,虽然有"卢缪"和"卢缪素"之分,但他们的共同点就是"岱因搭"。"岱因搭"一词是理解缅甸民族问题的关键,因为它区分了缅甸本土民族和所谓"外来民族"。在讨论何谓本土民族之前,可以事先说明的是,在缅甸拥有庞大人口数量的印度裔和华裔并不被认为是缅甸的民族,而是"外来民族"。

那么8个"卢缪"和135个"卢缪素"的说法从何而来呢?在缅甸的3部宪法中,均有关于民族数量的表述。在1974年宪法里确定的行政划分中,包含7个民族邦和7个缅族聚居的省,因此也出现了7个邦的名字,它们分别是克钦、克耶、克伦、钦、孟、若开、掸,再加上缅族,共形成了8个"卢缪"。那8个"卢缪"又如何划分出135个"卢缪素"呢?

不论是从普通百姓的口中,还是从政府部门的表述中,我们都能听到缅甸有135个民族(卢缪、卢缪素、岱因搭)的说法,但缅甸的官方法律文书中从未确认过这一点。许多人坚持认为,缅甸有135个民族,这是依据英国殖民时期的缅甸民族识别名单而确立的。但是根据考证,英殖民政府对缅甸民族人口的最后一次统计即1931年进行的"印度人口调查"[①]中包括华裔和印度裔在内,缅甸的民族数量也没有超过20个。[②]

还有一种说法是,"135个民族"是根据缅甸1982年出台的公民法确认的。实际上这也是错误的。1982年,当时的社会主义纲领党政府出台了《缅甸联邦社会主义共和国公民法》,这部

---

① 当时缅甸是英属印度下辖的一个省。

② Bertil Lintner, "Peace and Federalism in Burma", *Myanmar Quarterly*, Vol. 1 No.2 (2017), pp.149-169.

法律正如其名,目的是确认公民的界定方法,而不是民族。该法的第三条说的是:"自缅历1185年(公历1823年)前就已在本国境内作为祖国生活的克钦、克耶、克伦、钦、缅、孟、若开、掸等岱因搭和卢缪素为缅甸公民。"该公民法之所以将1823年作为区分是否是原住民的时间节点,原因是1824年英国向缅甸发动了第一次英缅战争,并占据了如今与印度和孟加拉国毗邻的若开邦地区。从上述条文中可见,虽然有8个民族名称,以及岱因搭、卢缪素等用词,但并未确认缅甸有135个民族。

学者史密斯(Martin Smith)指出,实际上,"135个民族"的说法最早是于1990年由缅甸国家恢复秩序与安宁委员会首次提出的。[①]而根据考证,1991年8月7日缅甸的《工人日报》刊登的署名为"一名军官"的文章中使用了这个说法。而国家恢复秩序与安宁委员会主席苏貌上将在1991年首次口头提出了"135个民族"的说法。但是官方至今没有正式列出过135个民族的名单。

网络上流传的135个民族的名单为:克钦12个、克耶9个、克伦11个、钦53个、缅9个、孟1个、若开7个、掸33个。但如果仔细考察这份名单,我们可以发现,其中的民族划分有重复的地方。如掸的33个族群中的掸基(即缅语中的大掸族之意)和傣佬(即掸语中大掸族之意)应属一个族群,而只是用不同语言称呼造成的误会而已。

同样是在掸族内,还有一个特殊的族群就是果敢族。果敢族,根据考证是明朝末年迁徙至中缅边界果敢地区的明末遗民。1960年,中缅边境划分工作完成后,果敢地区被规划为缅

---

① Martin Smith, *Ethnic groups in Burma: Development, Democracy and Human Rights*. Online Burma Library, 1994.

甸领土,并归在后来的掸邦境内。因此,这支与汉族同根同源的族群成了掸族的一个分支。而更特殊的是,与果敢地区仅隔着一条江的大勐宜(又称勐稳)地区也有一个"华人群体"居住。这支"华人群体"长期自称为勐稳人。这群勐稳人自缅甸建国以来在维护国家稳定方面做出了贡献,因此2016年缅甸政府将该群体确定为勐稳缅(勐稳珀玛)族,虽然缅甸政府并没有进一步细说或者是在刻意回避,但从名字来看,勐稳人成了缅族的第10个分支族群。因此,同样是继承汉文化、说汉语的两个群体,一个被界定为掸族的分支,一个被界定为缅族的分支。他们和分布在缅甸其他地区的"华人"也被区分开来。①

缅甸复杂的民族划分导致了复杂的公民身份。在讨论缅甸民族问题时,外界总是容易将"民族"与"公民身份"两个概念混淆,然而两者属于不同层次的概念。民族身份是界定公民资格的前提条件,但不是唯一条件,而且缅甸的公民也不止一种,而是划分为三等公民身份。1982年,奈温领导的缅甸社会主义纲领党政府颁布了《缅甸联邦社会主义共和国公民法》,该法将缅甸公民分为公民(粉色卡)、客籍公民(蓝色卡)与准公民(绿色卡)三等。

根据该法,判别是否能获得粉色公民卡(即完全公民身份)需要看是否满足以下两个条件之一:本人拥有岱因搭(原住民)身份,或者父母满足相应的公民身份要求。因此作为外来民族的南亚裔(印度裔、孟加拉裔)和华裔或华人,除在1982年公民法公布之前就已获得公民卡的家庭外,绝大多数都只能拿到客籍公民证或准公民证,甚至至今是外籍身份。例如,自2012年

① 伍庆祥:《空间属性与缅甸勐稳人的身份认同建构》,《华侨华人历史研究》2018年第2期,第34—41页。

爆发的若开邦民族与宗教冲突之中的孟加拉裔人,虽自称为罗兴伽族,但并未得到政府承认,因此就不具有原住民身份,也就无法获得公民卡。

此外,如果父母均为缅甸公民,或者一方为公民、一方为客籍公民或准公民,其子女也可获得公民卡。但如果父母均为客籍公民或准公民,其第三代才能获得粉色的公民卡。

客籍公民是1948年《联邦公民归化法》下诞生的概念。当时,根据该法申请入籍的常住外族人或外国人成为第一代客籍公民。准公民是1982年公民法所确定的身份,其缅语原话为"获准入公民籍者",错过1948年《联邦公民归化法》,并且父母中有一方为外国国籍者,只能成为第一代准公民。

如果说以上三种公民身份证件是1982年公民法的"主产品",那么在实际执行中它还衍生出3个"副产品":一是外籍居住证(长方形白色纸张),向无国籍但长住缅甸者签发,持有该证件的人不得随意出行、迁居和置业。二是临时身份证(白色卡),向由于各种原因而无法认定公民身份者签发,许多难民和少数民族地方武装组织成员投诚后持有这类证件。三是国民身份登记证(三折卡,男的为绿色,女的为粉红色),相当于粉色公民卡的前身,主要向首次"登记入籍"的果敢和勐稳人签发,在一段时间后可换成粉色公民卡,有明显的地区和民族识别色彩。

虽然缅甸有各类身份证,但实际上只有粉色公民卡持有者,才是真正意义上的缅甸公民。持其他证件者在政治、就业、迁徙等问题上都会受到不同程度的权利限制。在政治权利方面,首先,《缅甸联邦共和国宪法》(2008宪法)第59条b款规定:总统与副总统候选人必须是父母与本人都是在国境内出生的原住民公民。其次,《人民院选举法》《民族院选举法》和《省邦议会选举法》等规定,只有"公民、客籍公民、准公民和持临时身份证者"有选举权,但议员候选人必须是"父母与本人都是公民"。再次,在《政党注册法》中原本将组建政党与参加政党者的条件限定为"持公民、客籍公民、准公民与临时身份证者"。但在《政党注册法第二修正法》中却将组建政党的条件进一步只限定为"公民",而参加政党的权利也只限"公民与准公民"。

在就业方面,一般国家公务员招聘都要求是"公民",但缅甸在这方面又有一定的弹性,即"客籍公民与准公民"也可归类为"公民"的"大类"之中。迁徙方面,则会有一些极具针对性的"潜规则",如即便持有"公民"身份,但民族栏内如果是"果敢族",在出行时相对其他证件会有更多的不便,而一些地区的国民身份登记证的持有者也不被允许申请出国护照。

"罗兴伽"问题

缅甸于1948年宣告独立之后,就不得不面对国内的民族问题和与缅甸共产党的决裂。但缅甸自2010年以来,军政府转型也带来了新的民族冲突问题。其中,最受国际社会瞩目的,就是位于缅甸西部若开邦的"罗兴伽"问题。其实,"罗兴伽"问题自1942年英殖民时期就已开始了。

在讨论"罗兴伽"问题时,"罗兴伽"这个名称就有不小的争议。虽然"罗兴伽"自称为"罗兴伽"人,但缅甸政府和社会并不承认这一点。缅甸主流观点认为,"罗兴伽"一词是该群体在20世纪50年代创造出来的,在孟加拉语中,"罗兴伽"是指"在若开生活的人"("罗兴"是若开的旧称之一),该群体实际上是在英殖民时期自孟加拉地区迁徙过来的,因此世界上本无"罗兴

伽"族,只有"孟加拉裔"①,而"孟加拉裔"当然就不是缅甸的岱
因搭(原住民)。

"罗兴伽"问题之所以在名称上如此重要,是因为名称将决
定这个群体是否在缅甸拥有包括生活、居住等在内的其他公民
权利。缅甸主流社会通过将其认定为"孟加拉裔",否定了其作
为缅甸合法居民(原住民)的身份,而认定这部分群体为来自孟
加拉的非法移民,将为"驱赶"其出境提供合法性。而"罗兴伽"
之所以强调其民族名称,也是为了将自己定性为缅甸特定的原
住民族,不是"外来的移民"。

在过去的军政府时期,由于对言论的管控,社会上从未出
现过"罗兴伽"这个名称,非若开邦人绝大多数都未曾听说过缅
甸还有个叫"罗兴伽"的群体。而缅甸自2010年大选启动转型
以来,政治的民主化和社会的自由化,为"罗兴伽"问题重现于
世提供了条件。

目前,"罗兴迦"问题依然是影响缅甸社会发展的一大难题。

民族地方武装问题

对缅甸而言,自独立以来,或者说独立之前就已存在,至今
仍无法顺利解决的缅甸各民族和解问题,是缅甸最重要的
问题。

1947年,缅甸独立前一年,缅甸就已产生了5个民族地方
武装组织,并在独立后第二年就爆发战争。从此以后,尽管不
断有一些民族地方武装组织退出历史舞台,但同时也会产生一
些新的民族地方武装组织。1963年,奈温上将政变后,开启了
和平谈判,直到1995年,政府和一些民族地方武装组织的谈判

---

① 即Bengali,也有媒体和学者音译为"宾格里"人。

取得了一些进展。之后缅甸大部分时间都处于相对和平的
状态。

然而,缅甸军政府决意在2010年开启政治转型,这又给缅
甸民族问题带来了新的变化。2009年,军政府向所有民族地方
武装组织发出公告,要求各民族地方武装组织改编为边防军,
接受国防军的统辖。许多实力较弱的民族地方武装组织接受
了整编,但实力强大的都拒绝了军政府的邀约。为了"杀一儆
百",军政府攻打了缅甸民族民主同盟军(果敢同盟军),并迅速
将其击溃。但即便如此,各大民族地方武装组织依然不愿接受
整编。2010年,军政府与40个民族地方武装组织达成了停火。
但2011年,军政府转型为巩发党政府时,又与克钦独立军交
火。其间,在位于缅甸北部的克钦独立军的协助下,新的民族
地方武装组织若开军又成立了。巩发党政府原本试图在其5
年任期内实现全民和解,但直到2015年仅有8个民族地方武装
组织与政府签署了"全国停火协议"。并且,就在2015年初,果
敢同盟军再度复活,向缅军发动攻击,而且这时果敢同盟军与
克钦独立军、若开军、德昂民族解放军形成了"北方联盟",共同
向政府发难。

2016年,民盟上台后,昂山素季迅速召开了联邦和平谈判
(21世纪彬龙大会)。民盟最初设想每年召开两次大会,但自第
二届开始就出现了时间不断延后的窘况,5年任期只办了4届,
且只实现了与2个民族地方武装组织签署"全国停火协议",全
民和解依然遥遥无期。

2021年2月1日,军方发动政变后,克伦民族联盟与北方联
盟同军方的战事也随之升级。民盟的议员代表委员会也与各
民族地方武装组织商谈,试图建立"联邦军"与国防军对抗。国
家正一步一步向着全面性内战发展。

　　缅甸是否能成功转型为"成功国家",民族问题扮演着决定性的角色。

　　缅甸自1948年独立至2020年,70多年来历经议会民主时代、革命委员会时代、缅甸社会主义时代、军政府时代与民主转型时代等5个不同政治制度的时期,而民族间的战争一直伴随左右。

　　对缅甸而言,每个民族内有个民族地方武装组织似乎已经是再自然不过的事了。1974年宪法首次出现的7个民族邦克钦、克耶、克伦、钦、孟、若开、掸均有各自的民族地方武装组织。如克钦邦有克钦独立军,克耶邦有克伦尼民族进步党,克伦邦有克伦民族联盟,钦邦有钦民族阵线,孟邦有新孟邦党,若开邦有若开解放党与若开军,面积最大的掸邦有掸邦重建委员会、掸邦进步党、勃欧民族解放组织、瓦邦联合党、果敢同盟军、德昂民族解放军等。

　　70多年来,正如缅甸政府历经各种变化,民族地方武装组织也经历了种种变迁。民族地方武装组织的变迁主要可分为以下三类。(1)一脉传承,如克伦民族联盟、克钦独立军、克伦尼民族进步党。(2)传承发展,如原来的孟人民阵线到新孟邦党,如钦民族同盟到钦民族阵线。(3)枝外生枝,如缅甸共产党瓦解后,产生了勐拉全国民主同盟军—东掸军、果敢同盟军、瓦邦联合军等;如克伦民族联盟内也分裂出克伦民主佛教军与克伦和平委员会等。①

　　缅甸民族地方武装组织的产生常常伴随着重大的政治事

---

　　①　赞坎腾、卡奴班戴:《民族武装革命组织与他们的世界观》,联邦研究院2019年版。(ဇမ်းခန့်ထန်၊ ခါးနူးပန်ဝိုင်း။ တိုင်းရင်းသားလက်နက်ကိုင်တော်လှန်ရေးအဖွဲ့များနှင့် သူတို့၏လောကအမြင်။ ပြည်ထောင်စုအင်စတီကျူ။ ၂၀၁၉။)

件。2021年2月1日军方政变后,原获选政党民盟成立了平行政府——"民族团结政府",并宣告将建立"联邦军",而钦族民族阵线则率先与"民族团结政府"签订了合作协议。此外,缅甸各地不满军方政变的青年纷纷成立了"人民保卫军",如"人民保卫军—曼德勒""钦地人民保卫军"等进行游击反抗。这些新型地方武装的出现,不仅使得政治和解问题变得更加困难,而且使民族和解问题变得更加复杂。

社会巨变中的教育与网络

20世纪四五十年代,亚洲各国纷纷独立,建立了自己的新国家,并探索了各种发展新思路;到了七八十年代,缅甸周边的国家——新加坡、泰国等亚洲国家已经成为地区的"发展之星"。但曾经辉煌的缅甸却因为长期的军人统治、体制僵化,遭遇西方长期制裁,资源优势没有得到开发等各方面原因,长期落后。在20世纪八九十年代,改革开放就曾带来中国社会巨大的变化,相比之下,21世纪初的世界前进速度无疑更是以倍速递增,这时候,重新开放的缅甸社会无异于被拖入了一个"更加新奇的世界"之中,要赶上这样的"世界速度",缅甸社会只能以"巨变"来追赶。只是在这样的巨变之中,缅甸社会能够适应吗? 从现代教育与互联网这两个"新事物"中,我们可以对巨变中的缅甸社会了解一二。

社会设计了教育制度,教育制度又反过来建构社会。缅甸的政治、经济、社会、文化的变迁可以通过缅甸的教育制度的变迁来理解。观察缅甸当代的教育制度与现状可以发现它是糅合了佛教文化、殖民经历、民族主义和现代化追求等特征的复合体。

缅甸还处在封建王朝时期时,教育的功能是由寺庙来完成的。上至王公贵族下至平民百姓,都是通过寺庙来获取知识的。因此,在缅语里,寺庙和学校是同一个词(ကျောင်း)。既然是封建时期的寺庙教育,缅甸人当时接受的就是上座部佛教教义。后来在贡榜王朝中期,西方的传教士进入缅甸后,零星出现了教会学校。当英国入侵缅甸后,缅甸教育进入殖民教育时代。在这个时期,英国人一方面为缅甸引入了现代化的技术,另一方面也在灌输着有利于英殖民统治的"尊英贬缅"的殖民教育,这被当时的缅甸民族主义者称为"奴隶教育"。而英国引入的算术、地理、生理学等也曾引起当时僧侣的激烈反对,认为这是"没有好处的畜生道的知识"。贡榜王朝末期著名的改革派大臣金温敏基访问伦敦归来后,还曾对"世界是圆是扁"的争议,下了"世界是扁的"的判断。

在殖民时期末期,随着民族主义的再次觉醒,我缅联盟喊出了"缅文是我文"的口号后,全国各地出现了注重缅语教育的国民学校。但是,国民学校已经不再反对殖民教育中的现代化知识教育。缅甸于1948年独立后,融合了英式教育和国民学校教育的教育体制被保留下来。独立后的缅甸教育制度,其基础教育是1+10年制,即学前教育1年加上小学4年、初中4年、高中2年。大学除了医学和工科有不一样的学制外,法律系为4年制,其他文理科均为3年制。

高考是衔接基础教育与大学教育的关键环节,因此也最能体现缅甸当局对教育的理解。首先是关于"高考"之名在不同时期就有着不同的称呼。1967年前,高考被称为"大学入学考试"。1969年至1980年改称为"基础教育高中考试"。1981年至1983年又改名为"基础教育高级考试"。1984年至1998年改回"基础教育高中考试"之名。1999年开始再次改为最初的名字即"大学入学考试"。与名字一起被反复更改的,还有高中教育的课程以及试卷,这些也都经历过几次改革。

1995年之前,缅甸高中实施文理分科教育。自1995年开始,军政府不再进行文理分科,而是将原来的化学、物理和生物合并为科学课,将地理、历史、经济合并为社会课。名义上是缅文、英文、数学、科学与社会5门课,但实际上学生们需要修读9门课。课程均为100分制,40分为及格分,75分为优等分(数学与科学的优等分为80分)。因此,高考成绩常常以获得几门"优等"作为一个评判标准。在高考考卷上,1999年之前,缅甸全国采用的是一套统一考卷,自1999年,高考再次改名为"大学入学考试"后,又实施各省邦独立出卷模式。

在缅甸教育课程中,我们可以发现明显的民族主义的痕迹及其与现代化的冲突和矛盾。在进入9年级与10年级的高中阶段后,除了缅文与社会课外,其余课程都是缅甸自编的英文教材。但另一方面,物理、化学与生物课的名称又都以"巴利语"的方式来命名。每一年级的正式名称也以"巴利语"来称呼。

缅甸高考的各科目学科组成及分值设定

科目		分值	
缅文		100	
英文		100	
数学		100	
科学课	物理	30	100
	化学	30	
	生物	40	
社会课	地理	30	100
	经济	30	
	历史	40	

进入2001—2002学年,军政府又再次将科学课和社会课拆分开来,实施文理分科的制度,并且增加了精选缅文课。又

因为当时缅甸与泰国发生了军事冲突,于是缅甸政府在历史课中除了原来的"缅甸史"和"世界史"外又增加了"缅泰关系史"的内容,课程内容是关于缅甸曾多次战胜泰国的历史。在这套新的文理分科制度中,缅文、英文、数学为必修课,而物理、化学、生物、历史、地理、经济与精选缅文等课程,则可以通过不同的搭配形成8套课程。

通过不同搭配形成的8套课程

	必修课			选修课		
1	缅文	英文	数学	经济	物理	化学
2	缅文	英文	数学	地理	历史	经济
3	缅文	英文	数学	地理	历史	精选缅文
4	缅文	英文	数学	历史	经济	精选缅文
5	缅文	英文	数学	历史	物理	化学
6	缅文	英文	数学	物理	化学	精选缅文
7	缅文	英文	数学	物理	化学	生物
8	缅文	英文	数学	地理	物理	化学

新的文理分科制度也带出了新的问题,学生们偏科非常严重。自新制度实施以来,由8套课程的选修人数来看,第1套和第7套最受欢迎。而包含精选缅文的第3、4、6套课程则是选修人数最少的,在过去20年时间里,有15年,全国没有1人选修包含了精选缅文的课程,而另外的几年中,全国选修包含精选缅文课程的学生每年也不超过3人,仅有一名学生获得过精选缅文课的优等分,他也是20年来唯一一位选修精选缅文并顺利考上大学的学生,而2010—2020年间,缅甸的高考人数在70万—80万人。这样的严重偏科现象背后的原因主要有两点:大学专业入学标准的不合理与社会的功利主义倾向。

　　根据缅甸现行的大学专业的录取标准,选修理科的学生,只要学分达到了,即可不受限制地选读任何心仪的专业,但选修纯文科的学生则不被允许选读医学、工科等被视为职业技能教育的学科。因此,为了获得更自由的专业选择权利,学生普遍选择纯理科或者以理科为主的文理兼修课程。如果再仔细分析最受欢迎的第1套和第7套课程,则可发现其中隐含着更为明显的功利主义倾向。第1套课程为经济课加上物理与化学,而第7套则是物理、化学和生物结合的纯理科课程。经济课与理科课程在缅甸都是"谋生"的重要课程,选修人数是最多的。

　　至于精选缅文选修人数最少,还折射出在今天的缅甸社会中,传统文化与现代文明之间的竞争依然十分激烈。精选缅文是在文理分科新制度下开设的新课程,课程内容主要教授缅甸传统文学知识,以及包括诗词、戏剧、小说、散文等的写作方法。但是,作为联合国"最不发达国家"之一,缅甸全社会都在一心一意地追求着现代化工业的发展,文学创作等完全不被社会所重视,甚至学生如果沉迷于文学,会被认为是"不务正业"。因此,在这样的社会风气下,当被问及为何不选择精选缅文课时,高考考生多数会回答"不感兴趣"或"没有用"。而且绝大多数的家长与学生都认为,既然已经有缅文课,就没有必要再花费时间修读精选缅文课了。人们更愿意将时间花费在英语的学习上。精选缅文在全国都受到冷落,这甚至导致全国各地特别是7个民族邦内没有任何一所学校配备有精选缅文课的老师,即便有学生试图选修这门课,也会被家长和老师"劝退"。精选缅文形同虚设。

　　缅文教育本身也是较为保守的。正如前文所说,高考每一科都是百分制,40分为及格分,并且文理科分别以75分和80分为优等分。而缅甸文科的特色在于,它既是最易及格的科目,也是最难获得优等分的科目。文科的难点在于,一方面极其强调"标准答案",另一方面又强调"没有标准答案"。如,高考缅文试卷中,会有词语释义的题,要求对一些词语进行释义。答这类题时,考生不得依据自己的理解来进行解释,而是要根据教科书中的释义"一字不改"地默写出来才能得分。而最能体现"没有标准答案"特征的则是作文题。缅甸人认为,作文作为一种文学创作,是没有标准答案的,但也不会是完美的,因此作文题不可能得到满分。总而言之,在有"标准答案"的考题前只要有任何的"不标准"就无法获得满分,而在"没有标准答案"的考题前,无论考生答案如何"标准"都无法获得满分。在这样的情况下,缅文课成为最难获得优等分的科目。

以上的教育理念及考试评分的细致规则也体现在所有文科课程之上。这使得就读文科的学生在分数比较上就有着"先天性的劣势"。以2020年缅甸高考为例,缅甸全国理科状元总分为552分,文科状元总分为520分,文理科状元为516分。文科状元和文理科状元的分数甚至远远低于理科总分排名的第10名的分数——547分。理科、文科、文理科的前10名(共30名)中有7人未能获得缅文优等分。由于在专业选择和评分标准上的不对等,客观上就迫使更多的人选择读理科而不是文科。

2019—2020学年缅甸高考总分排名

排名	理科	文理科	文科
1	552	516	520
2	550	512	498
3	549	505	494

排名	理科	文理科	文科
4	549	503	489
5	549	499	489
6	548	498	485
7	548	496	485
8	548	495	485
9	547	495	485
10	547	495	484

　　2016年开始,缅甸再次开启了新一轮的教育改革,这一次缅甸对基础教育的年限、课程都进行了改革。在新的制度下,缅甸基础教育从原来的1+10年,改为1+12年,即学前教育1年加上小学5年、初中4年与高中3年。在这套全新的教育制度中,学前教育和12年级的课程是全新的,而其他年级的课程则由旧体系中低一级课程70％的内容再补以30％的新内容组成。由于是全新的课程体系,因此缅甸计划花费7年的时间将旧体系逐步改为新体系。从2016—2017学年开始在幼儿园采用新体系,计划在2022—2023学年实现1+12年新体系的全面转型。

　　在新体系下,缅甸教育中的传统与现代化的冲突更加明显。由于"巴利语"的命名冗长且难度大,不利于掌握及使用,不论官方还是民间,缅甸人都以英语名称来称呼新的体系。如这个1+12年的学制,被以英语简称为KG+G12(KG为Kindergarten的简称,G为Grade的简称)。然而这次基础教育制度的大改革,由于2020年新冠疫情的影响以及2021年的政局动荡,也陷入了停顿,不知未来将何去何从。

缅甸基础教育新体系逐步转型表

学年	学前班	小学					初中				高中		
2016—2017	KG	G1	G2	G3	G4	G5	G6	G7	G8	G9	G10		
2017—2018	KG	G1	G2	G3	G4	G5	G6	G7	G8	G9	G10		
2018—2019	KG	G1	G2	G3	G4	G5	G6	G7	G8	G9	G10		
2019—2020	KG	G1	G2	G3	G4	G5	G6	G7	G8	G9	G10		
2020—2021	KG	G1	G2	G3	G4	G5	G6	G7	G8	G9	G10		
2021—2022	KG	G1	G2	G3	G4	G5	G6	G7	G8	G9	G10	G11	
2022—2023	KG	G1	G2	G3	G4	G5	G6	G7	G8	G9	G10	G11	G12

注:加直线下划线的为在相应学年采用新体系的年级;加波浪线下划线的为在相应学年跳过不开的年级;字体加粗的为在相应学年采用旧体系的年级。

不论新旧体系,缅甸大学生基本按分数和户籍"被分配"上大学,学生并没有过多选择大学及专业的权利。专业是按照分数的高低来排列的,医科要求的分数最高,其次是工科、理科,大学中的文科专业要求的分数最低。选择了专业后再按照户籍所在地,就近分派大学名额。如一名位于掸邦北部腊戍市的高考学生,如果他的高考分数达到了就读医科的分数,由于掸邦没有医科大学,他就会被分派到位于缅甸中部的曼德勒去就读,但他不会被允许就读仰光的医科大学。而如果他的分数只能上其他的文理专业,那么他就只能在腊戍大学就读,除非腊戍大学没有开设他所选的专业,他才会被调剂到曼德勒大学。因此,在缅甸的大学教育中,大家并不十分在意就读于哪所大学,而只是看重所学专业,因为所学专业就代表了高考的分数。

仰光大学和曼德勒大学是缅甸历史最为悠久也被认为有更高教育质量的两所大学。但自20世纪90年代中后期开始,军政府出于政治考量,中止了两所大学招收本科生的权力,而只保留了研究生教育。然后,在仰光的东、西、北方向的郊外新建了东仰光大学、西仰光大学及德贡大学来承担原来仰光大学的本科生教育职能。仰光地区的考生将根据户籍所在地被就近分配到这3所新的大学上课。而在曼德勒郊外新建了雅达那彭大学,承担原来曼德勒大学的本科生教育职能。直到20世纪90年代,缅甸只有仰光大学与曼德勒大学拥有工科专业,为了对学生进行分流以避免全国各地的工科学生都聚集在仰光大学与曼德勒大学这两所大学,军政府也在全国各地新建了政府技术学院(Government Technical Institute,简称GTI)。

这种高考生分配模式一直延续了好多年,直到2019年,缅甸才允许学生自由选择学校,并允许部分高校,如仰光大学这所全缅最好的综合性大学,获得一定程度的自主招生权。但是疫情及政局动荡还是影响到了改革的进程,教育改革的步伐还没有完全迈开。

对缅甸的教育观察可见,整个社会对英文学习十分重视,但教学效果不如人意,同时,缅文日渐萎缩也已经是不争的事实。不像印度或新加坡,缅甸没有把英语设置为官方语言。但是,缅甸教育中又极为重视英语教育,自幼儿园开始,缅甸孩子就要学习英文。到了高中阶段,除了缅文、历史、地理、经济等课程外,数学、物理、化学、生物等均使用英文教材。到了大学阶段,英文的比重还会进一步增加,所有与缅语不相关的专业均使用英文作为教材语言,医学、工科等专业更是实施全英文化。

但是,另一方面,教师上课使用的是缅语,学生们除了写作业外也没有其他应用英语的机会,而像数理化等理工科的英文使用,更多是偏重于抽象符号的应用。这就导致了尽管缅甸人对英语十分熟悉,而且在日常生活中,英语单词的出现率也远远高于中国,但是,缅甸人运用英语的能力并不理想。

那缅甸人为什么一定要用英语替代缅语作为教材及作业语言? 毫不夸张地说,缅甸人对西方有着普遍的憧憬,他们认为,西方的现代科学技术十分先进,也渴望更早、更全面地与这个快速发展的西方世界接轨。英语是国际通用语言,掌握英语不仅能更容易地学习最先进的科学技术,也更方便与国际社会进行交流。但是,缅甸又是一个民族主义较强的国家,缅语是缅族的语言,也是目前全国通用的语言,缅族占全国人口的60%左右,缅甸国名也是以缅族之名而定。推动缅语的发展不仅有助于缅族文化的传承和发展,也十分有助于全国民族的和解与融合。

在缅甸,学习缅语还是学习英语,不是共同推进的两件平行事务,而是摆在有关人士面前的两条截然不同的选择道路,二者形成了明显的竞争关系。在面对英语及现代化的诱惑时,缅语与缅文的地位明显“低人一等”。这种轻传统、重英语和科学所带来的一个明显后果是:一方面,缅甸的知识分子更熟悉于使用英语,各行各业的精英如果没有了英文甚至无法顺畅地进行表达;另一方面,在缅甸人追求国家社会的现代化发展途中,缅语文化却因为越来越无法满足现代化的需求而不断地退化和萎缩。

缅语的发展尴尬不仅仅是在教育领域,也在社会、政治生活的方方面面。缅语的发展不仅受限于教育体制,也与其本身的现代化发展程度有关。缅语中有大量用词来源于巴利语,这些词语使用现代缅语拼写时较为烦琐困难,由于英殖民地历史的影响和英美国家在科技等领域的发达,缅甸社会对英语有一定的亲近感,这使缅甸在面对新兴领域时习惯性地采用英语用词而非以缅语来取名称呼。这就产生了恶性循环,缅语越来越无法满足当代社会的需求。对于缅甸精英来说,即便在与本国人交流时,如果不能使用英语,其表达能力也会大打折扣。一个极端案例来自吴登盛政府时期。当时吴登盛政府发布一项有关民族和解的政策,当谈到"国家"时,竟然加注为"本文所称'国家'为英语中的'state'"。

在社会巨变最显著的互联网领域内,缅文改革引发了更多的不适应。2019年,缅甸政府宣布要求全国于10月1日开始在包括电脑、手机等电子系统内采用由统一码编码而成的缅文字体。而在几个月前,政府部门内部已经全部转为统一码字体了。不过,由于社会上还普遍使用"伪"统一码的Zawgyi字体,以至于所有政府部门的网站都要同时设立Zawgyi字体版本和统一码字体版本的网页。而在社交媒体上发布信息时,也要同时发布统一码字体和Zawgyi字体。这无疑增加了政府的信息发布工作量。对于绝大多数人来说,不论Zawgyi字体有多么不便,长时间的流通早已使大家形成了习惯和依赖而不愿更换。随着10月1日的到来,网络上才开始出现大量探讨如何转用统一码字体的讨论。缅甸宣传部甚至每天都在社交媒体上呼吁社会采用统一码字体。

字体的转变看似只是一个技术问题,实际上它与缅甸的社会发展和知识传播有着巨大的关系。从"统一"的字体回溯到"统一"的语言即缅语的使用,甚至与缅甸国内民族和解和身份认同问题有着更深层的文化联系。

在电脑系统里,每一个"文字"背后都由一串"数字"来指称。早期许多国家都有根据各自语言制定的编码系统,但是这些编码系统在不同语言之间是不兼容的,所以在1994年出现了能够同时支持多语言的统一码。所谓统一码是指采用国际统一的编码方式为某一种语言的每一个字(字母)制定的"唯一的数字",使采用不同语言的电脑等系统都能够互相识别、认读和输入。缅甸也在20世纪90年代初期研发自己的字体系统,但绝大多数都不是统一码。

最早在全国范围内流通的缅文字体输入法 Win Innwa 是结合了缅文打字机输入法和较为简单的采用单字节编码的英语 ASCII 编码系统研发而来的。由于缅文打字机是根据"形状"和"先后顺序"来输入文字,而 ASCII 能指代的文字数量又有限,使得 Win Innwa 输入法非常复杂和不便。例如缅文中的一些"叠字"和一些"变体"就要用"Alt＋四个数字"来输入。例如,想要输入"ရ"的变体"ရ"字母就需要点击"Alt＋0189"一共5键才能出现。Win Innwa 输入法的难度可见一斑。

后来,缅甸的电脑专家们开始意识到需要依据统一码来进行缅文字体的编码。于是就产生了 Zawgyi 字体。但 Zawgyi 也并不是完全按照统一码的标准来编制的,是一种"伪"统一码。Zawgyi 与 Win Innwa 相比的进步之处在于,原本需要输入5键才能出现的"叠字"和"变体"在 Zawgyi 字体中只需要2—3键("＋字母/"＋shift＋字母)。但 Zawgyi 字体依然是基于打字机的"形状"和"先后顺序"来辨别和输入文字的。例如:"ၓ"字母就有"ၔ ၕ ၖ ၗ ၘ"等7种变体,每种"形状"对应一种输入法,因此使用者需要熟悉这7种输入法才能输入这个字母的"正确形状"。Zawgyi 键盘需要让每一个按键代表4个不同的缅文字(字母)才能满足缅文输入的需求。而打字机输入时的"先后顺序"也和实际文字书写的"先后顺序"不一致。当然,

Win Innwa和Zawgyi两种字体最大的问题是,由于没有遵守统一码的编码方式,因此互不兼容,在Win Innwa系统中Zawgyi字体将会出现乱码无法阅读,反之亦然。而且,虽然这两种输入法/字体都能在电脑上显示缅文,但电脑本身无法识别输入的文字,因此在字数统计、文字修改、转存时总会出现各种问题。

而如今政府所提倡的"联邦体"是缅甸电脑学界所研发的依据统一码编码而成的第四代缅文字体。目前已是官方采用的统一字体。此外,微软、谷歌等也有各自研发的统一码缅文字体。当用户放弃Zawgyi字体转为统一码后,无论是政府的联邦体还是微软和谷歌等的缅文字体都能正常显示了。而且在没有安装缅文字体的电脑和手机上也能正常显示甚至进行翻译。而且统一码下的缅语输入法简化了许多,再也不需要记住 ၅ 的两种输入法和 ြ 的七种输入法了,而是各有一个对应的按键,并会随着需要自动调整所需的"形状"。字母输入的顺序也和手写顺序统一。转换为统一码已是必然和必需的抉择,但转换统一码也会带来一些问题,即曾经使用Win Innwa和Zawgyi字体的所有文字都将无法再被电脑识别了,这些大量的数据和资料该如何保存将是摆在缅甸政府和电脑学界面前的下一个难题。

在电子化的互联网时代,缅语输入法的落后不仅给政府和社会的工作电子化带来了困难,也限制了缅语自身的发展。由于此前缅文字体的不兼容问题,许多政府工作的电子化无法展开,一些先行部门甚至将英文作为工作语言以实现电子化。许多高级知识分子或政府官员也由于缅语输入法的难学,更偏向于使用英语在网络上进行交流。一个典型的案例是缅甸卫生与体育部长敏推的网络社交账号表现。

2018年,敏推部长由于在"要求医院药品补给"问题上给出了"医院的药品向来充足,因为太多药品没用完反而过期作废了"的说法在社会上引起较大争议。随后,部长在其社交账号上以英文进行了解释,说明自己迟迟未回应是因为"自己不懂得缅语输入法",第二天这段英语解释才被翻译成缅语,并且在文字前加上了"已尽最大努力翻译以贴近原意"这样的说明。对于缅甸高级官员来说,似乎不懂缅语输入法并非可耻的事,甚至可以拿来当作许多事务的应对理由。不仅官员如此,许多知识分子包括大学教授、经济学家、政治家等也曾坦然表示自己不懂缅语输入法。

其实,缅语输入法的改革只是缅甸社会互联网大踏步发展过程中的一个小缩影而已。

看缅甸互联网的发展,手机卡及其移动网络的发展历程,就很具有代表性。在军政府时代,缅甸国内对通信实施非常严格的管控,全国唯一的一家通信公司(MPT)也没有足够的能力建立数量足够多的通信站,使得能够发行的手机卡号非常稀少。在缅甸,2005年以前,一张手机卡绝对是尊贵身份的象征。在军政府的价格管控下,一张手机卡的售价就高达300多万缅币,而到了2005年以后,一张手机卡的售价还需要100多万缅币。随着2010年缅甸开始启动政治转型,手机卡价格出现断崖式下跌,从100多万缅币下降到了25万缅币。也就是这个时候,许多缅甸年轻人开始拥有人生第一部手机。随着第一个民选政府成立,缅甸开始开放国内市场,实施招商引资,挪威的Telenor公司和卡塔尔的Ooredoo公司,成为继缅甸政府的通信公司(MPT)之外的两家外国通信企业。手机卡的价格更是迅速地持续下跌至1万缅币、5000缅币,直到现在的1500缅币。

在缅甸通信网络的建设过程中,中国企业也大力参与其中。过去,中国和缅甸之间没有光缆互通,两国之间的通信是需要经过第三国的,比如经过新加坡。这会导致通信距离长、效果差、资费高等一系列问题,甚至在中缅边境木姐,中缅之间只是一路之隔,但因为没有直接的光缆连接,边境人民就好像咫尺天涯。在《远方的家》"一带一路"特别节目"走进缅甸"中,就记录了缅甸光纤通信网络有限公司(中资企业,2012年5月由深圳海荣通信集团注册成立)关于中缅跨境电缆的建设工作。缅甸光纤通信在2014年成为第一家获得缅甸NFS牌照的外商投资企业,现在是缅甸最大的通信基础设施提供商。今天,它已经建设完成缅甸国内两万多公里的主干光纤网络,覆盖缅甸全部省邦。木姐光缆连接点就像一座桥梁,把数亿中国网络用户和4000多万缅甸网络用户连接起来。

　　尽管2015年之后,无线局域网已经开始在缅甸普通家庭中逐渐普及,但在2010—2015年,除了手机信号之外,无线网络在缅甸并不普及。手机流量在外国通信商进入前也收费昂贵。这就导致很多"花费流量"的功能,比如通过手机数据网络在视频平台收看视频的行为,都会被避免。虽然手机通信覆盖率大幅提高,但缅甸在此之前并未养成电子办公的习惯。因此,绝大部分缅甸人也基本不会使用电子邮箱、搜索引擎等常用的互联网工具。一直到现在,缅甸社会的绝大多数工作都没有实现电子化,比如银行里的汇款业务、机场里的航班信息登记业务等。在互联网快速发展的缅甸社会,相应的网络文化和应用知识并没有被同步培养出来,而是呈现出明显的知识上的断层现象。

　　缅甸互联网经济未来的腾飞,面临着平台、支付、物流等各个方面的系统性挑战。

　　shop.com是现在缅甸最大的专业购物平台,已于2018年被淘宝收购。但是,缅甸人并不认为shop.com带给了他们非常顺畅的购物体验。网站在缅甸相当于中国的淘宝,是一个零售商家的销售平台,本身并没有自己的自营商品。但是,不像中国淘宝,买家可以随时与卖家客服取得联系,shop.com至今还没有为买卖双方提供一个交流、协商的渠道。第二个问题是,货品在卖家手里,而且全部分散,但物流又是由shop.com统一配送。一条购买信息产生之后,shop.com会通知买家,然后再安排快递员去卖家仓库取货。送货速度并没有明显提升。货物流转的周折,也让退换货变得十分麻烦,这也限制了电商市场规模的扩大。

支付方面,虽然缅甸纸币面额的非整十和大额度,让缅甸人一直觉得带纸币并不是十分方便,但是缅甸目前在日常交易中仍旧严重依赖现金,缅甸地区银行账户、信用卡和手机银行的普及率极低。一个戏剧性的细节是,每到月底薪水发放日,城市里一台台取款机前,都排着长长的等待取款的队伍。稍晚之后,一条长街所有ATM机可能都会没有现金可取。这样看来,即使有银行卡,缅甸人也只是将它作为一个收款的方式,而仍将现金作为日常支付的主要方式。

我们先来看一组在2012年由亚洲发展银行发布的《转型中的缅甸:机遇与挑战》的报告中提到的缅甸金融系统国际对比数据:缅甸每1000平方公里国土上平均拥有的商业银行数量为0.85,这一数据不仅低于越南的7,也低于柬埔寨的2.2,金融体系的滞后对缅甸经济发展形成巨大制约。今天,缅甸的金融系统不发达仍为百姓所诟病。首先是跨行支付的限制性大,不管是给买家还是卖家,都带来了非常多的不便利。以某社交平台上的电商为例,在销售之前,卖家需要将几大主要银行的账户全部开通,以使买家在付款时可以任意选择相应的账户。

有时候,付款方式的不方便,会导致人们还是会选择货到付款。另一个例子是,两三年前,当一些国际科技企业如新加坡打车软件 Grap 进入缅甸市场后,缅甸人也开始使用打车软件叫车或预约,但是,不像其他国家一样,软件同时可以兼带支付结算功能,缅甸人还是会用现金支付车费。

近几年来,缅甸人也开始享受到一些新的金融服务。Wave money 服务被视为是新的金融服务的代表。这家公司在缅甸各地都有网点,用户在开通账号之后,去网点交钱并填写收款方信息,之后,收款方可以凭信息到全国任意网点取款。但是,因为收款方信息过于简单,到目前为止,这一金融服务已经被曝出过多起大金额冒领事件。

另外,最大的私人银行 KBZ 研发了 KBZ Pay 这一手机支付的应用。一开始 KBZ Pay 只接受自己银行的账户,现在也扩展到其他银行,但是,如果用户要开通账号,只能自己去柜台开通。2020 年,AGD 银行(Asia Green Development Bank)和中国的蚂蚁金服取得合作,推出了 One Pay 这一应用支付软件,才真正实现了跨行支付。因为新冠疫情的关系,为避免更多的接触,线上消费形式确实越来越被更多缅甸人接受。以外卖点餐为例,前几年在仰光一直有相关服务,但直到最近一年,客户量才真正有较大提升。

根据全球支付技术公司 Visa 在 2018 年 9 月对仰光、勃生、曼德勒和马格威的 504 人进行的调查,有 82% 的受访者认为,银行更加安全可靠,上年同期仅有 68% 的受访者承认银行的安全性。此外,银行的便利性也得到 77% 的受访者认可。同时发现多达 60% 的消费者在大型超市和超级市场使用无现金支付方式进行结账。但是,缅甸人对其他免触支付方式的了解仍然很少,只有 21% 的受访者表示他们知道免触卡,10% 知道移动免触式支付,还有9%知道QR码支付。

另外,数字支付依赖于电力和互联网,而缅甸很多地区缺乏可靠的电力供应,这可能是将人们从现金支付转换为数字支付的最大障碍。即使在发展较为先进的仰光和曼德勒,有些人也不知道如何通过手机或银行卡等进行付款,有时甚至因为互联网中断而必须使用现金。

再来说说缅甸的物流。商家在社交软件上卖货,货物一般都是自己送。shop.com是统一配送的,但是,仓库属于不同的卖家。不仅没有提高速度,还增加了快递取件再送件的时间成本。这样,就算是平台化经营,与社交软件上的销售相比,shop.com的物流时间并没有得到快速提升。例如,一个缅甸人在家中(腊戍)下单的一件商品,从仰光发货,收到货基本要一个星期后。两个城市之间有时会有快递服务,但是,货物一般不会送到家中,而是被统一放在火车站或汽车站。

物流快递等行业,对于基础设施不好的缅甸来说也是有一定挑战的,城区道路不宽阔,大部分地区都还处于原始乡村路阶段,道路坑坑洼洼,铁路方面也多为窄轨,运行效率较低。所以物流快递虽有潜力,但想长期稳定发展,也是需要有足够的资金保障的。因此,除了在仰光、曼德勒这两个大城市之外,其他城市中,市内的物流网络建设基本还处于起步阶段,也就基本没有网购。

由中国的跨境物流提供的货物运送服务,无论是在价格、送货时间,还是"货物到家"等方面,都基本让人满意。跨境购物的缅甸人主要以批发商为主,个人消费的不多,淘宝网和1688网(阿里巴巴采购批发网站)是主要的平台。要在淘宝网和1688网上购物,需要凭借中国的签证和银行卡开通账户。因此,缅甸人大多需要找中缅边境的代购商来帮忙置货。缅甸商人找到满意的货品之后,把链接发给代购商,代购商将货物寄到在中缅边境的收货点,再通过中缅的跨境物流网络代发到缅甸收货处,最后通过缅甸境内的物流系统,送到买家手中。除了税费和代购费用之外,快递费一般在1千克3500缅币起价,后续,每千克再增加2500缅币的运输费用。

对于未来缅甸电商的健康成长,还有两个要素也十分重要。一是立法。目前,缅甸已经成立了电商委员会来管理相关事务,国家对网购的法律法规也已经处于立法阶段。二是电商培训。2018年的时候,缅甸各个社会阶层的人都用上了手机。同时商家也发现,过往依靠"在人群集中的地方发传单""电话短信""在超市显眼处张贴广告"的传统营销手段,不仅成本高,而且效果并不理想。2019年1月,中国电商教育培训已经开始引入缅甸。从事跨境电商要掌握两方面的知识:第一是国际贸易知识,第二是电商知识。为了促进缅甸跨境电商的发展,位于阿里巴巴总部所在地杭州的浙江机电职业技术学院曾到仰光来开办过4天的跨境电商培训。

缅甸已经有专业的购物平台,但这些购物平台暂时没有获得比较大的成功。因为缅甸银行支付系统的各种限制——如只能在相同银行之间转账——大大限制了通过手机银行系统进行网络交易的范围。另一方面,虽然最近出现了很多物流公司和快递公司,但这些送货服务还未能嵌入电商系统之中。虽然缅甸目前这三个要素都还不完善,但网络的发展速度是惊人的。缅甸电商的发展需要这三个要素集中在一起才能让线上购物真正成为缅甸的一股潮流。

佛塔里的旅游经济

佛塔，又名浮屠，来自梵语"佛陀"的音译，最初用来供奉一些佛教用品。今天，以佛塔为代表的缅甸佛教文化资源成为缅甸旅游开放，吸引外国游客最为宝贵、最具特色的资源。缅甸最著名的佛塔（群）当然要数仰光大金塔和蒲甘佛塔群，古朴、辉煌，各有特色。

仰光大金塔

"仰光"两个字缅语为"战争结束"之意，仰光城素有"和平城"的美称。早在1852年，仰光就成了下缅甸首府。1948年缅甸独立后，仰光顺理成章地被定为首都，并成为缅甸的政治、经济和文化中心。2005年，缅甸宣布将首都迁往仰光以北400公里处的彬马那，同时改名为内比都。但今天的仰光仍是缅甸最大的城市。

仰光有着无数或镀金或用白石砌的佛塔，佛塔中最著名的是驰名世界的大金塔，它位于北圣山，居全城最高点。仰光大金塔，即缅甸人的"瑞达供光塔"（缅音译），只是因为坐落在仰光，中国人习惯称呼它为仰光大金塔。"瑞"在缅语中是"金"的意思，"大光"是仰光的古称，缅甸人把大金塔视为自己的骄傲。它是缅甸的国家象征，也是驰名世界的佛塔。

据史料记载，大金塔始建于公元前585年，相传当时印度发生饥荒，缅甸人科迦达普陀兄弟两人运了一船稻米前去救济,他们从印度回来时,带回8根佛祖的头发,在当时统治者的帮助下建造了这座佛塔,并将佛发藏在塔内。大金塔在初建时只有20米高,后经历代多次修缮。大金塔的形状像一个倒置的巨钟,用砖砌成,如今塔身高112米,塔基有115平方米。塔身贴有1000多张纯金箔,所用黄金有7吨多重。塔的四周挂着1.5万多个金、银铃铛,风吹铃响,清脆悦耳,声传四方。

"万塔之城":蒲甘

"蒲甘圣地欣同游,佛塔百万四野稠。劳动智慧能永在,伊洛瓦底是安流。"陈毅同志访问缅甸时留下的诗句,描写的正是位于缅甸中部的蒲甘古城,它位于缅甸第一大江伊洛瓦底江的右岸。蒲甘古城与柬埔寨的吴哥窟、印度尼西亚的婆罗浮屠并称为亚洲三大佛教遗迹,曾经的448.6万多座佛塔和寺院赐予了这里"万塔之城"的美誉,堪称现实版的佛国世界。

今天,被保留下来的有古塔2230座、古庙416所,再加上一些残存的遗迹,全部古迹有5000处左右。缅甸有句俗语叫作"多得像蒲甘的塔一样数不清",就是出自这样的惊人数量。2019年6月30日至7月10日,第43届世界遗产大会上,缅甸的蒲甘古城被列入联合国教科文组织世界遗产名录。

蒲甘佛塔中,以瑞西贡塔最出名,此塔是阿律耶陀建的,塔内珍藏有佛牙,是一座金塔,也是蒲甘最早建的塔,1059年开始兴建,直到阿律耶陀王死后才竣工,这座宏伟壮丽的金塔是阿律耶陀王的丰碑之一。蒲甘塔林中,有佛牙的塔共有4座,除瑞西贡塔之外,另外3座是丹吉当塔、罗迦南达塔和古隐当塔,此3座塔比瑞西贡金塔规模小一些。阿难陀塔也是名塔之一,塔内的佛像千姿百态,浮雕、壁画以及各种图案在其他塔中罕见,有人称这是缅甸的"龙门石窟"。大彬瑜塔规模大、保存完整,亦是名塔之一。自蒲甘王朝后,上座部佛教传遍缅甸各地,为缅甸的统一起了很大作用。因此,蒲甘佛塔供奉的卧佛、坐佛、立佛也多受印度的上座部佛教艺术的影响,多是紧身袍服,左肩披襟,有的头戴玉冠。

独特的历史文化为缅甸带来了独具一格的旅游资源。从1988年实行对外开放政策以来,缅甸政府积极推行改革开放政策,颁布了一系列与旅游相关的政策和法规,加强对旅游业的宏观指导,为佛教特色旅游资源的开发提供一系列的保障与支持:

自1989年开始,简化边境口岸旅游者的通关手续,扩大落地签证范围,实施包括一站式边境检查等措施,延长游客在缅甸的停留时间;

1990年,《缅甸旅游法》颁布,积极鼓励外国投资者加大对缅甸的投资,加快星级饭店、宾馆的建设,并在同年公布了《缅甸旅游法实施条例》;

1992年,酒店与旅游业部成立;

1994年,旅游发展委员会成立,之后,缅甸国际航空公司成立;

2002年,全缅旅游业主协会成立;

2011年,缅甸新政府对旅游业高度重视,实施了一系列改革措施以提升旅游业服务水平,带动经济增长;

2018年10月1日起,缅甸开放了对中国的落地签证。对于中国来讲,当年,缅甸成为中国游客量增长快的十大"黑马"目的地之一。

持有普通护照的中国游客从仰光、曼德勒和内比都国际机场进入缅甸时,可以办理"落地签"。落地签证费用为每人50美元,办理人须出示1000美元的旅游费用及持有30天内的回程或前往第三国的确认机票,回程必须从机场离境。近年来,随着中国出境游的蓬勃发展,越来越多的游客赴缅甸旅游。下面这张来自缅甸酒店与旅游业部的统计数据表就非常能够说明情况。

缅甸酒店与旅游业部统计的2017年、2018年度赴缅甸旅游的游客人数

单位:人次

		2017年	2018年
	北美	87153	76122
	南美	12592	10786
	西欧	239358	183472
	东欧	20069	18386
	非洲	5866	4346
	中东	6465	5685
	大洋洲	37644	32455
亚洲	中国大陆	212642	297400
	中国台湾	36499	35685
	日本	101484	104376
	泰国	273887	291231
	韩国	65829	72852
	新加坡	61859	58657
	越南	58919	53329
	印度	41623	43281
	马来西亚	47010	47632
	菲律宾	18143	16748
	其他	35904	45655
	(总)	953801	1066846
总额		1362948	1398098

从统计表中我们可以看到,从游客人次来看,2017年,美洲、欧洲、大洋洲的游客人次分别是10万、26万、3万多,而非洲和中东的游客,只有几千人。到了2018年,美洲、欧洲、大洋洲、非洲和中东的游客数量都有所减少。而赴缅甸旅游的游客中,亚洲游客最多,2018年更是超过了100万。再来看亚洲,在2017年,中国大陆及中国台湾地区累计游客数已经将近25万。到了2018年,这个数字不仅没有减少,而且大幅度上升,已经超过33万。其中,中国大陆的游客数在这一年增加尤其明显,从21万人增加到29万人。但是,如果将这一数字与同样位于东南亚的泰国、越南、柬埔寨等国相比,还有不小的差距。以泰国为例,2018年上半年,中国前往泰国旅游人次高达593万,在所有外国游客中占比31.4%,为泰国旅游业创收超过900亿泰铢。①

从过往数据来看,游客在缅甸游玩的平均时长是6.3天,以"缅甸仰光一地深度游"和"缅甸、老挝两国连线游"为主。在赴缅甸旅游的中国游客中,"80后"占比高达51.2%,超过了其他年龄段游客的总和,可见"80后"已逐渐成为旅游事业的中流砥柱。

缅甸与其他东南亚国家一样,一年分为三个季节:三月到五月为热季,六月到十月为雨季,十一月到次年二月为凉季,而凉季是最佳的旅游季节。缅甸作为东南亚国家中的一个旅游胜地,拥有以海滨风光、热带风光等为代表的自然景观,同时,缅甸各地古迹众多,仅仅蒲甘一地,就保存着2000多座历史在700年到900多年的古塔、寺庙,世所罕见。以佛教建筑为典型

---

① 《落地签后,缅甸旅游逆袭还远吗?》,《国际商报》2018年8月10日,第3版。

标志的人文景观吸引了大批游客。

　　这几年,越来越多的旅行团赴缅甸。一名带团多年的国际领队这样比较缅甸和周边的泰国、柬埔寨的旅游及带团感受:"从价格上讲,缅甸要相对便宜一些,但是并不会相差很多。缅甸旅游业刚兴起,酒店各方面设施设备会更新一些,但总体基础设施比较落后。相对于泰国旅游业的成熟,缅甸对外交流较少,民风淳朴、相对传统,各方面的文化底蕴都得到了比较好的保留。稍有不足的是,缅甸旅游资源的特色较为单一,游客容易产生审美疲劳。而且,因为局势不稳定,旅游团也常会遇到封路、改道的情况。如果缅甸局势能更稳定,缅甸旅游还是十分有广阔市场的。"

人字形经济走廊上的新机遇

　　缅甸与中国山水相连，世代比邻而居。当前，在共建"一带
一路"的倡议下，中缅两国各方面的务实合作都不断深化。其
中，被誉为"古南方丝绸之路"现代版的中缅人字形经济走廊由
概念规划转入实质建设，这是"一带一路"合作在缅甸实现的最
经典的体现。本节主要围绕人字形经济走廊的"点"（仰光、皎
漂）与"线"（中缅油气管道、中缅国际铁路）的介绍，来更好地叙
述缅甸如何借力"一带一路"获得了新的发展机遇。

　　人字形经济走廊，其形状似汉字"人"，也似英文字母Y。
它发端于中国昆明，经缅甸中部城市曼德勒向南分成两条线
路，一条延伸至经济中心——仰光，另一条延伸至皎漂港。仰
光是缅甸最大的城市和原首都，是重要的出海口，也是缅甸经
济最为发达的地区；皎漂位于缅甸西南部的若开邦，是缅甸最
落后的地区之一，后文将介绍，皎漂港是中缅油气管道的起点；
而中心点——曼德勒则是缅甸第二大城市，也是在缅华人聚
居地。

　　缅甸经济是从北向南的流域型经济。人口、产业和重要城
市都聚集在伊洛瓦底江沿线，而且伊洛瓦底江向北延伸同中国
自然连通。缅甸未来要发展，势必需要把伊洛瓦底江沿线的经
济带建设起来。正如上文所说，中缅人字形经济走廊连通仰
光、曼德勒等重要城市，并能同中国市场实现连通。其东线是
缅甸南北经济大动脉，途经缅甸经济活跃地带，西线则连接缅

甸多个欠发达地区。缅甸基础设施相对薄弱,中缅人字形经济走廊的建成,将把缅甸最贫穷的地区和最发达的地区连接起来,助力整合缅甸的经济发展格局,对实现缅甸地区的均衡发展具有重要意义,同时也将加强整个东亚及东南亚地区的区域联系。

接下来,让我们分别从人字形经济走廊的东线和西线的两端——仰光城和皎漂港出发,沿着中缅油气管道和中缅国际铁路线,一起去看看人字形经济走廊到底是怎么样一步步从概念落实到实践的。

仰光城里的新旧地标

仰光是人字形经济走廊东线的起点。从1948年缅甸宣布独立到2005年缅甸迁都内比都,仰光作为国家首都已经经历了半个多世纪。它不仅是政治中心、文化中心,也是较早发展起来的商业中心。即使是现在,在缅甸人看来,仰光依然是当之无愧的整个国家最具商业价值的城市。

英国著名旅行作家诺曼·刘易斯(Norman Lewis)曾在其著作《金色大地——缅甸游记》中留下过一段对仰光的描写:

"仰光,虽然处于暂时的衰落,但仍具有帝国风范,城中布局呈直线式纵横交错。……它具有宽阔笔直、无遮无蔽的大街,还建有众多牢固坚实的岸边建筑,它们的风格依稀来自希腊建筑的灵感。当人们在仰光市区内的商业区漫游时,仿佛常常被带回到伦敦的利德贺街;当沿着滨河区一路行来,其建筑风格又变幻为伦敦海关的格调。在这些宏伟的大厦里,宗教气息弥漫在幽暗的石头和黄铜隐约闪烁的微光中。"

仰光市中心的苏雷塔是供奉佛发遗物的宝塔,建于公元前326年,距今已有2000多年的历史。整个仰光城都是围绕这座塔逐渐建立起来的。它坐落在市中心两条交会的主干道上,构成了仰光最繁忙的一座交通环岛:苏雷塔左边圆柱形的建筑是清真寺,建于1862年;清真寺对面的白色建筑是英殖民时期修筑的至今仍在使用的仰光市政府大楼;佛塔后方的尖顶建筑群是基督教堂;苏雷塔的右后侧大块的绿地,即玛哈班杜拉广场,是为了纪念缅甸抗击英国殖民侵略的民族英雄——玛哈班杜拉而建立的;广场上45米高的白色独立纪念碑奠基于1948年1月4日。这片建筑群是仰光最为经典的传统地标,共同述说着缅甸宗教、政治、社会、历史等各个方面的辉煌,串联起了缅甸的古与今。

新的时代,缅甸正在迎来新的发展机遇,传统地标之外,一个个新地标也在慢慢涌现,仰光市中心新建的苏雷广场就是其中之一。

苏雷广场综合体于2016年建成,位于苏雷塔附近,建筑面积71000平方米。地下室和1—2层为商铺,3—9层为停车场,10—23层为写字楼。整个商业综合体不仅有国际奢侈品牌的高调入驻,各种业态也十分齐全,包括了金融服务、美容与健康服务、餐饮服务、教育培训服务,以及高档大型超市,为缅甸及居住在缅甸的外籍人士带来了现代化的购物体验。

苏雷广场综合体的土建、基础建设和装饰均由青岛建设集团独立完成。早在2012年,青岛建设集团就已经开始进入缅甸市场,成为最早在缅甸注册成功的外资施工企业。实际上,苏雷广场的竞标十分激烈,全世界多家知名建筑公司都前来参与竞标,跨国公司都希望通过建设这家地标建筑以打入缅甸市场或者巩固自己在缅甸市场的商业地位。那么,为什么青岛建设集团能够脱颖而出呢?除了更为明显的价格优势外,中国企业在缅甸市场前期展现的建筑技术、工程管理、设计理念的先进性,也为其积累了良好的信誉。

新地标苏雷广场的建设,可以说是"一带一路"倡议在仰光实践的一个范例。在更大的范围中,"一带一路"倡议得到了缅甸各方的积极响应和主动融入。2017年和2019年,第一届和第二届"一带一路"国际合作高峰论坛期间,缅甸领导人两次来中国,就共建"一带一路"和中缅经济走廊与中国领导人达成重要共识。2018年12月,缅甸宣布成立实施"一带一路"指导委员会,昂山素季亲自担任主席,以更好地统筹、指导缅甸各级政府之间的协调与相关政策更新工作。所有这些都充分显示了缅甸对积极参与"一带一路"合作倡议的决心和信心。

皎漂深水港项目

再让我们回到中缅人字形经济走廊。与仰光城相对的,皎漂港是人字形经济走廊的西线起点,甚至可以说,皎漂港的建设不仅将成为中缅"一带一路"合作的关键工程,也将成为"海上丝绸之路"上非常重要的节点。对于皎漂港的认识,我们可以从当地已经兴起的发展及遭遇的困难说起。

皎漂是缅语的发音,字面意思是"白岩"。古老的皎漂有两块巨大的白色岩石。皎漂地处孟加拉湾西海岸,渔业资源丰富,是连接印度加尔各答和缅甸仰光之间大米贸易的绝佳天然海港,特色产业是养殖业。尹明伟是皎漂当地最大的海鲜养殖贸易商之一,他的缅甸蟹养殖基地已经有几十亩的规模。缅甸蟹以黑蟹为主,俗称"铁蟹",生活在海水和淡水的交汇处。尹明伟养殖的螃蟹严格按照重量分类,经过一天的陆路运往仰光,再由仰光港走海路出口至东南亚、中国等地。①

---

① 央视纪录片《海上丝绸之路》。

　　仰光港位于伊洛瓦底江三角洲东侧、仰光河左岸,建成于1852年,历史上就是缅甸第一商港,是东南亚海运航线上的主要港口。今天,古老的仰光港也在焕发新活力。从中国重庆铁路集装箱出发的"中国制造",由云南磨憨镇进入老挝境内,抵达老挝万象后转为公路运输,过境泰国,最终到达缅甸仰光。按照这样的路线,货物只需要10—14天即可抵达仰光,比传统的路线快20天以上。

　　但另一方面,因为修建年代久远,如今的仰光港仅能停泊万吨级的船舶,已经明显不能满足缅甸对外经济贸易的需要。再加上仰光港的天然水深不足,其已没有充足的扩容扩建条件。随着缅甸中部、北部和西北部资源开发进程的加快,木材、矿产品、石油、天然气等大宗物资的出口量也急剧增长。据缅甸国内的媒体报道,2014—2015财年,仰光港的货物吞吐量达24859吨,创10年来的新高,其中进口量18464吨,出口量6395吨,是过去10年年均货物吞吐量的2.5倍。此外,从2005—2015年的10年间,仰光港的船舶进出港量也增加了2倍。同样,对于像尹明伟这样的缅甸商人来说,生意红火的同时,也面临着新问题:随着养殖量的增加,螃蟹运往国外,几经周折,增加了不少物流和时间成本;更具挑战的是,新技术培育的"新产品"——软壳蟹,其冷冻、保鲜技术也面临很大的压力。

　　缅甸经济的高速发展急需另一个大型港口的运输支撑,通过改善海运设施,进一步促进缅甸的外贸发展和经济开放程度。这是皎漂经济特区深水港项目开发迫切需要解决的现实问题。

　　皎漂港位于缅甸孟加拉湾的东北部,坐东面西,朝向印度洋,是缅甸兰里岛北端的一个狭长的海港,也是皎漂经济特区的核心。皎漂港是难得的天然良港,拥有得天独厚的港口开发条件:港外航道深,港内风浪小。而且港口所依傍的兰里岛地势平坦,只有一片小山,非常适合进一步建设各种货运配套设施。

2018年11月,中缅两国签署了皎漂深水港项目框架协议。根据协议,中缅皎漂经济特区深水港项目合资公司以特许经营方式开发建设和运营皎漂深水港。根据2014年缅甸经济特区法,皎漂特区管委会授予该公司土地使用权和特许经营权,初始年限为50年。深水港项目计划分4期进行,共计开发10个泊位。开发之后,皎漂港将成为缅甸最大的远洋深水港。2020年8月6日,缅甸投资与公司管理局(DICA)颁发证书,批准了皎漂经济特区深水港项目合资公司成立。其中,中方占股70%,缅甸占股30%,缅方政府以土地入股15%,另15%由42家缅甸企业联合组成的缅甸皎漂经济特区控股财团公共有限公司持有。

皎漂港建成后,像尹明伟这样的普通缅甸商户,就可以将当地海鲜直接从皎漂港运出,在大大降低运输成本的同时,也为全世界提供更优质的缅甸产品。当然,除了初级产品之外,中缅皎漂港的开发合作还包括计划建设一个工业区,配备纺织和服装制造、建筑材料加工、食品加工、制药、电子、海洋供应和服务等基础设施。整个项目计划占地17.4平方千米。

“一带一路”是合作共赢、共同发展之路,皎漂港的建设对于中国同样意义重大。在人字形经济走廊公路、铁路、油气等互联互通设施的联系下,皎漂港作为印度洋的出海口,将大大缩短中国西南地区的出海距离。中国企业在皎漂经济特区进行投资生产,或者,中国西南地区直接出口的货物,可以从皎漂港出印度洋,经斯里兰卡,分别经过阿拉伯海进入中东,经红海通过苏伊士运河进入欧洲,或者是直达非洲。由此可见,相较于原来中国西南地区的货物进出口需要通过东南沿海地区,经南海,过马六甲海峡,到斯里兰卡,现在的路线不仅降低了马六甲海峡的咽喉风险,而且,路程大大缩短,运输成本大大减少。

由此,我们就不难理解,为什么皎漂深水港开发项目会被公认为是中缅人字形经济走廊的重要支撑性项目,为中缅区域连接提供重要动力,对促进中缅合作交往意义重大。

中缅油气管道

另一方面,同样是以皎漂为起点,中缅油气管道的开通,以及中缅铁路各段工程的接续完成,正在加快人字形经济走廊从中缅人民共同的宏伟设想走进现实的速度。

敏建市位于缅甸中部,也正好位于中缅油气管道沿线。在敏建市居民过去的生活中,停电是生活常态。实际上,在缅甸大部分地区,缺电一直是一个很大的难题,除了缅甸首都内比都24小时不停电,就算是仰光、曼德勒这些规模较大、人口较多的城市,也经常停电,不管是生活区还是工业园区,都需要分时段供电。这对老百姓的生活和工业发展都造成了很大影响。

2017年,敏建市投产使用了2座装机容量分别为133兆瓦和90兆瓦的天然气发电站。这2座发电站所产生的发电量加在一起,可以供给5座同敏建市一样规模的城市运转使用。天然气发电站没有建成之前,敏建市居民必须依靠国家电网提供的电力。天然气发电站建成后,不仅居民24小时的生活供电有了充分保障,电费也大幅降低。而且所产生的电量,不仅可以满足本市的需要,剩余70％的电力还可以并入国家电网,统一送往缅甸其他地区。除了发电站以外,一座年产量40万吨的炼钢厂也已经在敏建市的建设规划之中,预计将成为当地最大的工业生产企业。由于钢铁生产需要巨大的电力支撑,这在过去是无法想象的。而这些都得益于中缅油气管道的开发。

中缅油气管道包括中缅原油管道和中缅天然气管道,是连接中国西南地区和缅甸的原油及天然气输送管道。中缅原油管道的缅甸段长771公里,中国段长1631公里;中缅天然气管道的缅甸段长793公里,中国段(干线)长1727公里。中缅油气管道起点为若开邦的皎漂,在缅甸境内途经若开邦、马圭省、曼德勒省、掸邦,经南坎进入中国瑞丽。进入中国后,中缅油气管道在贵州省安顺市实现油气管道分离,其中输油管道经贵州省到达重庆市,输气管道经贵州省到达广西壮族自治区。

缅甸天然气储量丰富,位居世界第十。中缅油气管道中的天然气主要来自缅甸近海的油气田,原油则主要来自中东和非洲。在运力方面,中缅原油管道的设计能力为2200万吨/年;中缅天然气管道的输气能力为120亿立方米/年。

中缅油气管道在缅甸境内穿越了马德岛的2条海沟,翻越了若开山,跨越了伊洛瓦底江、米坦格河等多条大中型河流。在中国境内,中缅油气管道途经4个省(区、市)、23个地级市、73个县(市),在56处穿越或跨越大中型河流,有76处山体隧道。根据中国石油天然气集团公司与缅甸国家油气公司签署的协议,由中国石油天然气集团公司负责油气管道的设计、建设、运营、扩建及维护工作。中国大型国企的技术实力使得整个油气管道的开发能够较为顺利地完成。

2013年7月28日,中缅天然气管道开始向中国输气。2017年5月19日,中缅油气管道运输的石油穿越缅甸的4个省邦,首次抵达瑞丽。中缅油气管道是两国共建"一带一路"合作中的一个里程碑项目,管道的成功投产运营给两国人民带来了实实在在的好处。

中缅油气管道带动了如敏建市这样的管道沿线地区的经济发展,给缅甸民众带来了更多实惠。在缅甸境内,中缅油气管道沿线地区普遍是缅甸国内相对偏远的地区。虽然过去缅甸每年都生产天然气，但是这些地区的居民要使用天然气比较困难，成本相对较高。随着中缅油气管道的修成，当地居民能以更为低廉的价格用上天然气。而且缅甸每年需要进口大量柴油和汽油，中缅油气管道的开发，无论是在社会生活层面，还是在国家整体发展层面，都在很大程度上满足了缅甸国内对能源的需求。截至2019年11月30日，油气管道项目累计为缅甸带来直接经济收益5.2亿美元。

除了改善生活和生产状况，中缅油气管道的建设还为沿线地区提供了很多就业机会。在管道建设时期，中缅油气管道承建方与当地220多家企业合作。运行以来，聘用的缅甸籍员工占全部员工的70%以上。这不仅让缅甸员工获得了非常丰厚的收入，而且当地人在施工过程中也获得了包括管道技术在内的最新技术的应用实践，成为缅甸的管道技术人才。这对于缅甸的发展来说是最宝贵的财富。另外，中缅油气管道的修建还伴随着一系列的援建项目。中国累计投入2300多万元在管道沿线开展社会援助项目178个，包括学校、医院、道路、桥梁、公路、供水、供电、通信等工程，并开展了50多项自然灾害捐赠项目。

当然，"一带一路"倡议的"双赢"目标还体现在中缅油气管道为中国能源安全提供的保障上。相较于中国历来进口原油绝大多数依靠经马六甲海峡的海上运输通道进入境内的渠道，中缅原油管道使中国进口中东原油不必再经马六甲海峡，而可自印度洋安达曼海上岸。按照规划设计，中缅原油管道的日输油能力为40万桶，这相当于中国石油日进口总量的5%。中缅原油管道为中国油气进口开辟了一条在西南方向上的重要陆上通道。

中缅铁路项目

中国出口到缅甸的各种日用品,缅甸商人送来的各种高品质水果,成了中缅人字形经济走廊上最关乎老百姓生活的两种东西。中国作为缅甸水果最大的进口国,每年进口的水果量,几乎要占到缅甸水果出口量的95％。根据缅甸联邦政府2020年年度工作报告的数据,缅甸出口产品的增量中,增长特别大的是水果,西瓜、甜瓜、杧果、香蕉等共出口170万吨,比2017—2018财年增长21％。①此前,缅甸水果只允许通过木姐边境进口到中国。现在,甘拜地和雷基2个边境检查站也可以用于水果进口。另外一方面,从缅甸进口到中国的水果品种,除了西瓜、甜瓜、杧果和李子之外,还增加了山竹、红毛丹、荔枝,这些都已被中国食品安全检验机构——国家市场监督管理总局批准进口。

缅甸水果中,"国宝级杧果"——圣德龙杧果成了中国水果市场的新宠。它的进口路线正好是从曼德勒到木姐口岸,再经过瑞丽进入中国。在与中国的经贸合作中,瑞丽—木姐口岸、临沧—清水河口岸等地区不仅是缅甸与中国云南接壤的重要地区,也是中缅贸易往来最为集中、繁荣的地区。但是,随着以农副产品为代表的中缅边境贸易运输量的与日俱增,边境贸易面临着拥堵、路况差等现实困境。以缅甸北部第二大城市曼德勒与中缅边境的木姐口岸的交通状况为例,两地目前仅有的一条公路有约400公里的路程,但狭窄崎岖,卡车通常要花2天时

---

① 中华人民共和国商务部:《缅甸商务部通报年度工作》,http://mm.mofcom.gov.cn/article/jmxw/202006/20200602978280.shtml,2020-06-29.

间才能通过。以铁路为代表的基础设施不仅有全面提升的需要，也有非常大的新建需求。

继能源互联互通之后，未来人字形经济走廊上中缅两国人、货的通畅流通，还要依靠于中缅国际铁路的大连通。中缅铁路，即中缅国际铁路，不仅是缅甸国内的主要交通运输干线之一，也是中缅共建"一带一路"重点项目和泛亚铁路的重要组成部分。这将成为中缅贸易的大动脉，不仅将打破中国昆明到缅甸仰光无铁路交通的历史，还将带来两地来往经济成本的大幅降低。实际上，完善交通设施，提升物流速度，这是人字形经济走廊中各个项目能够更为高效落实的必要条件。

按照规划，中缅国际铁路北起中国云南昆明，南至缅甸仰光，全长近1920公里。其中，中国境内段长690公里，缅甸境内段长1230公里。中国境内段主干线路为昆明—广元—大理—瑞丽，昆广大线已于2018年7月贯通，带动了沿线地区经济的快速发展。大瑞铁路起点大理市，向西经漾濞、永平、保山、龙陵、芒市至中缅边境口岸瑞丽，随后铁路从木姐正式进入缅甸。而缅甸境内铁路段为木姐—曼德勒—仰光，按照计划，木曼铁路段将途经兴威（登尼）、腊戍、皎脉、瑙丘、曼德勒等城市。

作为中缅铁路的重要一段，设计中的木姐—曼德勒铁路全长约421公里，途经北部重镇和经济中心，整段铁路将穿越60个隧道，沿途设置用于装卸货物和接待乘客的火车站7个、接待游客的经停站5个和24个岔道，使用时速可达160公里的电动火车运营。铁路贯通后，木姐至曼德勒预计3个小时就可以抵达，运输速度是原来陆上运输的2至3倍。

木姐—曼德勒铁路将成为缅甸北部的一条交通大动脉，显著提高缅甸整体的交通运行效能，完善区域对外综合运输通道，推动缅甸国家经济和社会的可持续发展。铁路的建设还将为缅甸创造大量就业岗位,让沿线人民通过稳定的工作获得经济收入。更为重要的是,中缅铁路的畅通,将为农产品的运输节省时间,大大减少货物在运输途中的损耗。这不仅可以缓解缅甸国内的交通压力,降低物流成本,促进本国经济社会发展,也有助于提高地区内的互联互通水平。

下篇

中缅是「胞波」

今天,当我们拿起缅甸《金凤凰》报翻阅,能明显注意到关于中缅之间十分频繁的经济社会交往的报道:《缅甸中华总商会应邀参加RCEP开放机遇(贵阳)研讨会》《缅甸宗教和文化部举办首期汉语班线上开班仪式》《曼德勒福庆孔子课堂举办线上观剧学汉语》《助力疫后经济复苏,湖北—缅甸投资合作对接会举行》……

自中华人民共和国成立以来,中缅关系多有变化,但总体上并不影响双方被誉为不同社会制度国家之间合作的典范。陈毅副总理兼外长访问缅甸的次数多达13次(有7次是顺访)。在访缅期间,陈毅同志曾挥毫赋诗《赠缅甸友人》,描述的正是中华人民共和国成立初期两国人民交往的一段佳话,至今仍让中缅两国人民津津乐道:

> 我住江之头,君住江之尾。彼此情无限,共饮一江水。
> 我吸川上流,君喝川下水;川流永不息,彼此共甘美;
> 彼此为近邻,友谊长积累。不老如青山,不断似流水。
> 彼此地相连,依山复靠水;反帝得自由,和平同一轨。
> 彼此是胞波,语言多同汇。团结而互助,和平力量伟。
> 临水叹浩渺,登山歌石磊。山山皆北向,条条南流水。

诗文开头提到的"一江水",就是指发源于青藏高原南部高黎贡山西侧的瑞丽江。元明时期称麓川江,清代称龙川江,也称瑞丽江。瑞丽江的其中20余公里属中缅两国界河,江的北面是中国,江的南面是缅甸。一条江河灌溉着中缅两国万万公顷肥沃的土地,养育着近百万的人口,是连接中缅人民的一条生命线。

　　连接中缅人民的"另一条生命线"是滇缅公路。滇缅公路于1938年开始修建,是中国云南省到缅甸的公路。公路又与缅甸的中央铁路连接,直接贯通缅甸原首都仰光。1938年,正值中国抗日战争的初期,滇缅公路原本是为了抢运在国外购买的和国际援助的战略物资而紧急修建的,随着日军进占越南,滇越铁路中断,滇缅公路竣工不久就成了中国与外部世界联系的唯一的运输通道。但是,滇缅公路修通后,司机和修理人才奇缺。当时,国难当头,民族危亡,3000多名来自东南亚各国的华人子弟响应陈嘉庚先生的号召,组成"南洋华侨机工回国服务团"。据记载:滇缅公路3年运输物资45.2万吨,而当时所有的国际援助有50多万吨,九成以上都由南侨机工运到中国。这是一条诞生于抗日烽火中的国际通道,在第二次世界大战中扮演着重要的角色,是中缅人民共同的荣耀之路,见证了中缅人民团结反抗强权的光辉历史。今天,滇缅公路成为中缅贸易运输的主要干道。

　　继1988年缅甸逐步改革开放后,中缅各个方面的互通往来进入一个新的历史时期。在现代中缅关系中,中国发出的"一带一路"倡议得到缅甸的积极响应,又再次为两个国家的共同发展提供了众多契机。然而,实事求是地讲,虽然在边境地区中缅两国人民的交往十分密切,但是,在两个国家整体层面,相较于泰国、新加坡、马来西亚等作为中国人主要旅游目的地的东南亚国家,中国普通老百姓对缅甸的认识,除了佛国、翡翠等少数几个标志之外，并没有其他过多印象。"国之交，在民之亲"，中缅两国之间亲密关系的继续保持，最终还是需要回归到两国人民的深切交往之中。

从"胞波"到共同体

　　中缅两国是建立了"胞波"情谊的国家,前面就已经多次介绍,"胞波"即同胞兄弟姐妹。在中华人民共和国的外交史上,缅甸具有独特的地位,占据了三个"第一"的位置:1949年,中华人民共和国成立后,与中国建交的第一批国家都是社会主义国家,而缅甸是不同社会制度国家中第一个承认新中国的国家,缅甸联邦政府于1949年12月16日宣布承认中华人民共和国;缅甸是第一个同中国解决边界问题的国家;缅甸也是第一个同中国签订友好和互不侵犯条约的国家。缅甸于1950年6月8日正式与我国建立外交关系。2020年6月8日,中缅共同庆祝了中缅建交70周年纪念日。

　　但是,正如奈温总统在1975年访问中国时候所坦言的那样:"在两国关系中,有时是会出现分歧的,甚至在兄弟、姐妹之间,在家庭内部有时也难免出现分歧。"①实事求是地讲,回顾中缅建交70多年的历程,两国的交往也并不是一帆风顺的,范宏伟《和平共处与中立主义》一书十分翔实、客观地陈述和分析了这一段历史中中缅各自的政治考量,以此研究为根据,这里对其中的分期进行梳理。

　　(1)中缅关系亲密期。1954年,随着中缅两国的总理首次互访,建交初期(1950—1953年)以来中缅双方之间的交往顾

---

　　①　《吴奈温总统的讲话》,《新华社新闻稿》1975年11月12日。

虑——中国担心缅甸进入反共阵营,缅甸害怕中国威胁其民族独立和国家安全——逐渐消除。1957年,时任副总理的陈毅同志在《赠缅甸友人》诗中也以"彼此是胞波,语言多同汇"来赞颂中缅关系,直到这个时期,真正的"胞波"关系才开始在中缅两国人民的努力下真正实现。这一时期里,中缅坦诚交往、相互支持的诸多故事还值得我们津津乐道。

缅甸不仅在20世纪50年代初期在联合国对华禁运问题上投弃权票,而且在1952年顶住美国压力向中国出口禁运的战略物资——橡胶。仰光"空中走廊"的开通,更是成为当时中国打破西方封锁中国交通的重要突破口:朝鲜战争爆发后,西方阵营对中国构筑半月形的包围圈,中国对外交通因此受到了极大限制。1956年,中缅航线开辟,改善了这一局面。当时中国领导人出访,很多都是借道仰光成行。①但是,1967年,缅甸爆发排华事件,好不容易建立起的"胞波"情谊受到强烈冲击。

在消除双方疑虑的过程中,周恩来总理扮演着极为重要的角色,他曾9次访问缅甸,在缅甸享有非常高的声望。从后面(1977年)发生的一件外交事件中,也足以看出缅甸人民对周总理的爱戴。周恩来同志于1976年逝世,一年之后,时任全国人民代表大会常务委员会副委员长的邓颖超访问缅甸,当时缅甸迎送都给予了国家元首级的礼遇,鸣礼炮21响、检阅三军仪仗队。奈温总统率领国内所有主要领导人到机场迎接和送行,从机场到宾馆沿途十多公里的道路两旁插满彩旗,搭起迎宾彩楼,并组织数万民众沿途列队迎送。②对周恩来遗孀的尊重,足

① 范宏伟:《和平共处与中立主义:冷战时期中国与缅甸和平共处的成就与经验》,世界知识出版社2012年版,第13页、209页。
② 范宏伟:《和平共处与中立主义:冷战时期中国与缅甸和平共处的成就与经验》,世界知识出版社2012年版,第194页。

见缅甸人民缅怀周恩来总理对中缅"胞波"情谊做出巨大贡献的感念之情。这一时期双方的支持是非常有实效的。

（2）中缅关系恢复期。1975年11月,缅甸时任总统奈温访华,中缅"胞波"情谊再次恢复,并且在后来的丹瑞军政府时期继续得以巩固。这一时期中缅关系依然是大国关系与复杂地缘政治的一个反映,中缅两国也都有自己非常明确的对外政策总目标。对于中国方面来说,这一时期,在突破美国的遏制和孤立的过程中,缅甸是奉行和平共处五项原则的典范之一,仍然具有重要的对外联络的"空中走廊",以及安全缓冲国的重要战略价值。

而缅甸对中国政策的总目标是,谋求睦邻友好关系,寻求国家安全保障。虽然这一目标与其他国家的对外政策目标并无差异,但对于敏感地缘政治中的缅甸来说,具有特殊意义。处于大国夹缝之中的缅甸,地缘地位历来是影响其外交政策的重要因素。无论文官政府还是后来的军政府都这样强调,不给大国侵缅制造理由,同所有的国家保持友好关系、不结盟,是确保缅甸独立、安全的最好办法。这的确是缅甸一直奉行的对外政策。早在缅甸独立之初,缅甸总理吴努就以一个十分形象的比喻来解释缅甸人的自我定位和采取"不结盟"政策的原因:"看一下我们的地理位置:东边泰国,北边中国,西边印度,往南看是马来西亚和新加坡。我们就像一个身处仙人球中间的脆弱的葫芦。我们丝毫无法动弹。"①尤其是在资本主义阵营和社会主义阵营对抗时期,既同中国保持适度的友好关系,又不因

---

① Thakin Nu. From peace to Stability, The Ministry of Information, Government of the Union of Burma, 1951, pp. 98-102. 转引自范宏伟:《和平共处与中立主义:冷战时期中国与缅甸和平共处的成就与经验》,世界知识出版社2012年版,第3页。

此而招致苏联、越南和美国等国家的敌视,是缅甸小心、平衡的对华政策的最大特点。①

而在这一段历史中,作为冷战时期新尝试的不结盟运动的创始人之一——缅甸人吴丹在担任联合国秘书长期间,为中华人民共和国恢复联合国合法席位发挥了积极的推动作用,一直被中缅人民津津乐道。新中国为恢复在联合国的合法权利进行了22年的外交努力和政治斗争,直到1971年10月25日,第26届联合国大会通过第2758号决议,承认中华人民共和国政府的代表是中国在联合国组织的唯一合法代表。"没有中华人民共和国,联合国绝不会成为真正的联合国。"吴丹的这句掷地有声的评价,至今依然回响在耳畔。

2021年10月25日,是中华人民共和国恢复联合国合法席位50周年的日子。中国驻缅甸大使陈海同知名历史学家丹敏乌(缅甸籍前联合国秘书长吴丹的外孙)视频会面时再次代表中国人民发出赞誉:"中方不会忘记为中国的发展做出贡献的老朋友。中缅两国有深厚的'胞波'情谊。我们愿同缅甸各界一道,遵循联合国宪章宗旨和原则,以及双方共同倡导践行的和平共处五项原则,致力于构建中缅命运共同体。"

(3)中缅关系向经贸主导的转型期。1972年,中美关系正常化,随之而来的是中国同其他周边国家的关系也得到调整,中国东南部的安全环境大大改善。这时,在中缅双方睦邻政策的着眼点中,反霸权色彩日益减少,而谋求和平发展环境、服务于双方现代化建设的努力逐渐增多。中缅关系转型的一个突出表现在于,双方讨论的焦点逐渐从单一的政治安全聚焦转向

---

① 范宏伟:《和平共处与中立主义:冷战时期中国与缅甸和平共处的成就与经验》,世界知识出版社2012年版,第203页。

贸易与经济合作,以及能源安全等双方共同的利益诉求方面。

2011年4月,吴登盛政府通过2010年大选正式上台。时任全国政协主席贾庆林成为吴登盛政府上台后首个到访的外国领导人。访问期间,中缅两国建立了"全面战略合作伙伴"关系,这是对"胞波"情谊的一个更具体的诠释。

2016年后,"全面战略合作伙伴"关系由昂山素季领导的民盟政府得到更好的落实。昂山素季在2015年大选前,保持了每年至少访问中国一次的习惯,2017年甚至两次访华。昂山素季对中国提出的"一带一路"倡议也表现积极,2018年,昂山素季在新成立的"一带一路"指导委员会中亲任主席一职。在此期间,缅甸因为若开的罗兴伽问题遭遇了空前的国际压力和挑战,是中国在缅甸最需要的时候伸出了有力的援手。至此,中缅两国才成为彼此真正的"全面战略合作伙伴"。

2020年,是中缅建交70周年。新年伊始,2020年1月17日,中国国家主席习近平对缅甸进行国事访问。这是习近平主席2020年的首次外访,也是中国国家主席在时隔19年后的再度访问。而缅甸各界对习近平主席的访问也是期待已久。2016年,民盟政府正式执政,时任总统吴廷觉在访问中国时就已向习近平主席发出访缅邀约。

在习近平主席访问缅甸期间,中缅发表了《中华人民共和国和缅甸联邦共和国联合声明》,将加强共建"一带一路"合作,推动中缅经济走廊从概念规划转入实质建设阶段,着力推进皎漂经济特区、中缅边境经济合作区、仰光新城三端支撑和公路铁路、电力能源等互联互通骨架建设。另外,中缅两国还签署了33项涉及多方面内容的各类协议文书。这些协议体现了中缅两国在"一带一路"合作框架下的首批成果,从中可看出,"一带一路"合作倡议下,中缅经济走廊建设的推动为缅甸带来的外交、经济、文化和社会等各领域的发展趋势。

首先,从中缅的 33 项协议文书中可以看到许多中国对缅方的馈赠。如:中国援建仰光警察指挥中心、中国援建 6 艘巡逻艇、中国向缅甸提供购买 28 节火车车厢的无息贷款、中国援助升级第二工业培训中心(曼德勒)、中国援助克钦邦流离失所者重新安置项目、中国援建滚弄大桥、中国援助在缅建立杂交水稻研究中心。这些赠礼涉及缅甸警务水平的提高、交通设施的改善、职业人才的培养、缅北战乱地区人民的安置和农业的发展,可以说都是极具针对性、符合现实需求的礼物。

除了这 7 个大礼外,中缅两国也在文化、体育方面的合作上达成了 3 项协议:中国国家广电总局与缅甸宣传部的合作协议、共同组织 2020 年澜沧江湄公河电视周暨缅甸主题日的谅解备忘录、中国足协和缅甸足协合作的谅解备忘录。中国的电视节目一直以来都深受缅甸观众的喜爱,而足球是缅甸最受欢迎的运动,因此,中缅在这方面的合作对推动缅甸的电视和足球发展都具有一定的意义。

与仰光有关的协议也有 3 项:云南和仰光建立友好关系、仰光新城发展的合作、仰光河入海口西岸保护项目等。在过去数十年中,中国许多城市都与仰光建立了友好城市关系,而这一次云南与仰光确立的友好关系可以说是地方友好关系的又一次重要升级。

外交方面的协议有 2 项:中缅互相提供领事土地及建筑的双边协议、中缅强化双边外交事务合作的谅解备忘录。在中缅边境地区互设领事馆是云南德宏地区政府一直以来推动的重要议题,在中缅经济走廊建设的议程下,相信中缅边境的互通往来将更为便捷。

33 项协议中,主要还是在中缅经济走廊建设项目框架下的相关16个协议:边境地区三年发展计划、瑞丽—木姐跨境经济合作区建设、中缅建立提升贸易顺畅的工作组、提高产能和投资合作、加强基础设施发展合作、加强人力资源发展合作、皎漂经济特区深水港项目的股东协议、木姐—曼德勒铁路、曼德勒—梯在—木姐的高速公路与皎漂—内比都公路等基础设施建设、中缅共建经济走廊框架下的云南和曼德勒的区域性合作、曼德勒—蒲甘铁路项目、Watalong隧道项目、向中国出口的缅甸大米无虫害检疫协议、向中国出口缅甸热处理桑蚕茧协议、缅甸向中国出口屠宰牛检疫卫生证明协议、建立农产品质量控制中心等。此外,还有关于油气和电力的协议2项:中缅电力互通项目和加速推进 Mee Lin Gyaing 整体液化天然气发电项目。这些协议涉及基础设施、农业与畜牧业的边境贸易、油气和电力开发三大领域,正是缅甸经济发展最重要的三大支柱。通过这"三头并进"的战略合作,缅甸经济发展未来可期。

2020年1月18日,在习近平主席访缅的第二天,中缅两国发表了联合声明。在这次联合声明中,"弘扬中缅传统'胞波'情谊,深化两国全面战略合作伙伴关系,打造中缅命运共同体,推动中缅关系进入新时代。双方对两国下一阶段各领域交往合作进行了系统规划和部署",成为对两国关系发展最重要的表述。"胞波""全面战略合作伙伴"和"中缅命运共同体"成为关键词,这是对中缅关系从历史到未来、从传承到发展的肯定与期许。并且,随着2020年习近平主席的历史性访问,中缅两国的"全面战略合作伙伴"关系得到了进一步的深化,两国人民继续为"打造中缅命运共同体"共同努力。"打造中缅命运共同体"的联合声明体现了中缅两国关系从建立外交关系以来的各种曲折中解脱,不断增进理解、信任和互相扶持。

回顾两国人民在"一带一路"合作框架下共同努力的这几

年,中国一直是缅甸最大的贸易伙伴和最大的外资来源国。2016年两国贸易额达到了100多亿美元,非金融类投资存量40多亿美元。但根据前中国驻缅甸大使洪亮预测,中缅两国之间的经贸交往远比数据显示的更为频繁。中缅经济互补性强,农业、基础设施、产能合作和旅游等方面都是未来两国加强合作的重点,中缅"胞波"共同体,未来可期。

作为桥梁的华文与教育

从人口规模来看,今天的缅甸华人中,祖籍为云南的人最多,福建次之,再接下去就要数广东人了。按照祖籍不同,缅籍华人可以分为Oversea-Chinese与Overland-Chinese,即"海外华人"和"山外华人"。这两个词之所以形象,是因为它们刚好说明了华人进入缅甸的两种方式:从云南与缅甸接壤的边境地区出发,经陆路进入缅甸的华人,以及从福建、广东经海路到达缅甸的华人。因为进入方式不同,以云南籍为主的"山外华人"主要居住在缅甸北部,而以福建、广东籍为主的"海外华人"主要居住在缅甸南部。

缅甸"海外华人"也是"下南洋"的重要一支。在《海峡"门臼"边的花园之国——新加坡》一书中,Oversea-Chinese(海外华人)"下南洋"这段历史就被专门记录过:……英国于1807年就迫于社会和舆论的压力在全境内废除了奴隶贸易。而此时,正值中国屡屡被列强侵犯,越来越多的华人为逃避战乱、灾祸、饥荒和瘟疫,或自愿,或被迫,或被虏,纷纷离开故土,带上耕具、种子、棺材,循着祖辈曾经的足迹,漂洋过海,来到东南亚一带做苦力。据粗略统计,到19世纪中期,自欧洲人开启大航海时代之后,总共有一千多万华人从福建的福州、晋江、金门,广东的潮汕、清远,海南的琼海、文昌等地出发,来到菲律宾、马来西亚、印度尼西亚和新加坡谋生。①

对于"下南洋",大家更多提到的是菲律宾、马来西亚、印度尼西亚、新加坡等国家。的确,马来群岛一带作为海上贸易非常重要的中转站,有更多的工作机会,是当时的广东、福建一带的人们谋生的热门去处。从整个东南亚范围来看,像缅甸这样的半岛国家,无论是人数、规模,还是经济实力都会逊色于海岛国家,也如上文所见一样,不常被学界、媒体界关注。②

但另外一个历史事实是,广东、福建一带的中国人"下南洋",很多并没有到新加坡、马来西亚等东南亚中转站就扎根了,有些人还继续向西迁移,辗转至泰国、柬埔寨、缅甸等国家。一位伍姓华人的祖父辈就是从广东台山出发,经马来西亚,先到了泰国,后辗转到了缅甸仰光,当时的仰光在整个东南亚地区已经是现代化程度较高的城市了。但是,这一族到达缅甸之后,并没有在缅南定居,而是最终在缅北开枝散叶。这支"海外华人"怎么会又跑到了缅北这一更多"山外华人"的居住地呢?这又和缅甸的国内发展历史直接相关了。他们到达仰光之后,战争爆发,仰光地区又变得不太平,此时,英国殖民者在缅甸北部地区开设南渡矿区,提供了更多就业的机会,伍姓华人一家就继续从南部往北避难加谋生,最后到达缅北腊戍一带。

随着华人一起迁移到缅甸的还有华人的语言和文字。"下南洋"的第一代华人在当地定居之后,往往会像在老家一样,修建宗祠宗庙。缅甸最早的华文教育就是在宗庙中开设的华文班。据统计,20世纪初,缅甸华侨人数已达30万,华文学校陆

① 赵伐:《海峡"门臼"边的花园之国——新加坡》,浙江工商大学出版社2020年版,第22页。
② 范宏伟:《缅甸华侨华人史》,中国华侨出版社2016年版,第1页。

续兴起,但仅限于小学,中学尚无一所。为让华侨子弟升学,在知名侨领和教育界人士的领导下,当地华侨利用著名侨领曾广庇捐赠的九文台一座洋房(占地4.5万平方米)作为校舍,创办了华侨中学。这是缅甸历史最悠久、影响力最大的华文中学。从1921年创办至1965年停办,华侨中学培养了一批批的知名运动员、政治家、企业家、外交官等人才,其中最知名的校友当数第八届全国人大常委会副委员长王汉斌。与另一所著名的南洋中学一起,大量的华文教育师资力量被培养起来,并通过"教师联合会"组织、华人精英群体等被非常有组织地分配到缅甸全国各地去,缅甸北部也开设了更多华文学校。我们称这个阶段的华文教育传播为"由南向北"时期。①

1963年,缅甸实行特色社会主义,缅甸华文学校被收归国有,并被统一改造成缅文学校。缅甸南部地区,公开的华文教育就被迫停止,直到20世纪90年代才逐渐恢复。但是,在缅北先恢复起来的华文学校需要遵守一系列规定,其中最为重要的一条是,华文教育需要在不影响缅文教育正常开设的前提下进行。就此,一个独立的中文教育系统在缅文教育之外逐渐形成。拿学生上课时间的安排来说,缅文学校要求学生8点左右到校,4点左右离校。想学习华文的学生要在缅文课程系统之外增加中文的学习,就需要一周上6天课,每天5点左右起床,在早上6点左右到达中文学校,上两节课,然后再回到缅文学校继续上课。到了暑假,华文学校还会为学生安排每天5节左右的课。孩子们的辛苦程度可见一斑。

从学校的规模来看,华文学校和缅文学校有些是并成一处

---

① 杨胜富:《缅甸历史最悠久的华文中学——华中》,缅甸《金凤凰》中文报2020年12月28日。

的，因为规模比较小，一般这类学校都只有小学部。后来，在华人人数较多的缅甸北部地区，如腊戍，华文学校逐渐发展到有初中部。现在，缅北腊戍也有了几所教学质量比较高的高中华文学校，如果文中学、圣光中学（教会学校）、黑猛龙中学等。

而在缅南，华文教育一直到20世纪90年代才重新恢复，且绝大多数是在华人社团内部，以佛经学校、公司或者"语言与商业中心"之名开办。但是，缅南地区的缅文教育氛围比缅北浓厚得多，同时，不管是学校还是课外补习班，所带来的竞争环境都更加激烈，这就导致了中文学校的生存、发展空间就狭小得多。在缅南地区，上华文补习班的学生一般只有一周三天，每天2节课，也是早上6点开始，8点结束。这就造成了相比于缅北地区，缅南的华文教育质量相对得不到保障的客观现实。

因为缅甸南北方恢复华文教育的时间不同——差距近20年，加上政府管控的宽严程度也有所区别，因此，相较于缅南地区，缅北的华文教育要发达得多。这样，就产生了一种情况，对于缅北人来讲，会讲中文成了他们最大的就业优势。另一方面，缅北经济相对落后，缅甸政治、经济中心——仰光则为华人提供了更多机会，比如，中文导游、中资企业的翻译、华文学校的教师等工作。缅甸华文教育改革以及中国发展的扩散性影响，共同推动了改革开放后缅甸华文教育由北向南流动的趋势。

今天，随着中缅关系的再度深入，尤其是经贸上的频繁往来，中国和其他各国华商在缅甸经济、市场影响力的日益增大，华文教育的商业附加值陡增，在中缅交往中扮演的角色越来越重要。不管是官方还是民间，中缅双方都十分注重华文教育的开展。这让缅甸国内的华文教育重新"由北向南"发展，甚至逐渐扩散至缅籍华人之外。

汉语教育国际化的一个代表性标准体系是HSK,即汉语水平考试,考试等级共分为六级,是一项国际标准化考试,重点考查汉语非第一语言的考生在生活、学习和工作中运用汉语进行交际的能力。2021年5月,缅甸留学生肯纽、昂勉恒和昂特纷纷在微信朋友圈晒出了自己通过HSK五级、六级考试的兴奋消息。这3名目前就读于浙江杭州的浙江机电职业技术学院,来自缅甸的仰光和曼德勒,属于缅甸工科大学——政府技术学院(GTI)系统的学生,受到中缅国际合作项目的支持来到中国学习。2014年,李克强总理访问缅甸,与吴登盛见面,两国领导人借此机会促成了中缅职业教育交流项目,这对推动中缅全面战略合作伙伴关系发展具有重要意义。中国资助缅甸200名职业技术学院的学生来中国学习,计划于2016年、2017年分两批来中国。学生的入学联络工作由中缅友好协会与双方的教育主管部门共同合作完成。接收缅籍学生的职业技术学校主要在江苏,而浙江的合作高校只有浙江机电职业技术学院。

浙江机电职业技术学院是中国高职院校中的一流学校,近年来结合自己的优势专业,与各个国家的多家高校签订合作协议。2017年,学校开始招收第一批15名缅甸留学生,由于缅甸学生素质高,校方对这些缅甸学生留下了非常好的印象。在上述的两国中职教育合作项目结束后,"胞波"情谊仍在延续,浙江机电职业技术学院继续以相同的待遇,每年招收15名缅籍留学生。2020年新冠疫情期间,对缅籍学生的招生工作也没有停止,通过公开、统一招考录取的15名新留学生延期到中国入学。

为了争取这每年100个名额,缅甸学生需要参加中国留学考试,要经过严格的笔试和面试两个部分。"当时,中国来招生,一个学校只招一个人,竞争压力还是挺大的。"3名缅甸留学生一致认为。2020年,在缅甸留学生来到中国学习的第二个年头,新冠疫情袭来,大部分缅甸留学生因为家里人的担心返回了缅甸,只有肯纽、昂勉恒和昂特留了下来。3名留学生特别强调:"我们选择了留下来,是因为中国很安全。"疫情期间,3名缅甸留学生和所有中国人一样,也将自己"关"在房间里整整3个月,也和中国学生一样在网上上网课。老师们会给他们送饭或者其他食材,而且,他们也受到优待——东西都是免费的。

比较在缅甸的生活,留学生们一致认为,中国有三样东西,他们觉得特别方便,也希望缅甸能尽快拥有:第一是交通系统,想去哪里都特别方便,而且还非常便宜,不仅有地铁、公交,还有共享单车;第二是支付宝,缅甸人总是要带很多纸币,而在中国生活一般都不用带现金,只需要一个支付宝App,非常方便;第三是淘宝,在淘宝上买衣服和各种生活用品特别方便。对于缅甸留学生来说,中国体验或许还有第四个非常重要的收获——中文。中文一开始是最大的障碍,但最后,他们都认为,中文成为自己拥有的最大优势。

留学生一般在缅甸国内的大学先学习一年,来到中国之后,第一年进行中文的语言学习,后两年学习专业课。3名留学生都是缅族人,来到中国之前,没有任何中文基础。刚来到中国的时候,因为语言不通,缅甸留学生只能用翻译软件解决生活上遇到的困难。学习上也一样不容易,在缅甸时,老师用的也是英文教材,但上课的语言是缅语。而在中国,缅甸留学生和中国学生一起上课,教材和试卷是中英文双语的,但上课语言一下子变成了中文。这样的切换难度可想而知。

但是,两三年下来,缅甸留学生觉得自己最大的收获恰恰是在语言上。生活上,一个班有50多名学生,与中国同学同吃同住,他们的口语水平很快得到了提高。对于毕业之后,是回缅甸还是继续留在中国发展，3名大学生并没有非常明确的计划，但可以肯定的一点是，掌握中文之后，他们丝毫不担心未来的就业。实际上，到目前为止，所有从这个项目毕业出去的留学生都回到了缅甸工作，而且，因为在缅投资的中国企业增多，有中文语言优势的留学生找工作非常容易，薪水也相对较高。他们不仅可以当翻译，而且因为机械专业在缅甸工业发展中的重要性，他们将来还有机会成为中缅技术交流的骨干。

另一批在努力学习中文的留学生，是一群每天往返中缅，在瑞丽念书的缅甸"小留学生"。在瑞丽，中缅之间就有着长达2185公里的边界线，两国山水相连，没有明显界限，常常能见到"一井两国""一桥两国""一寨两国"的边境景观。银井是瑞丽市姐相乡的一个自然村，国境线将一个傣族村寨一分为二，中国一侧叫银井（傣语意为"吃饭香的地方"），缅甸一侧叫芒秀，双方以界碑、竹棚、村道、水沟、田埂等为界。中国的瓜藤爬到缅甸的竹篱上去结瓜，缅甸的母鸡跑到中国居民家里生蛋便成了常有的事，被奉为美谈。虽说银井和芒秀分别属于两个国家，但对于双方边民来说，他们就像一个寨子的乡亲，寨子里的老百姓语言相通、习俗相同、通婚互市，同走一条路，共饮一井水。

寨子里的银井小学，是中国第一所边防小学。小学建于1960年，学校占地面积3000平方米，教学大楼是由群众集资建造的东南亚风格三层砖混楼。在改革开放前，这里不少中国家庭会把小孩送到缅甸去读书。随着中国教育水平的不断提高，越来越多的缅甸家庭更愿意把孩子送到中国来读书。银井小学始终秉承"教育无国界，大爱无亲疏"的理念，缅籍适龄儿童只需出具外事办开设的身份证明和出生证明就可入校就读。在教学和管理活动中对中缅学生一视同仁，让他们接受一样的义务教育,学习一样的课程;在优惠政策上,缅甸学生与中国学生一样享受"两免一补"和营养早餐。为了方便缅籍学生顺利通关入境就学,银井边防检查站免费为缅籍学生办理优先候检卡,简化通关程序,并享受每天4次的优先入境待遇。

在缅甸父母看来,能更好地学习中文是他们对孩子的很大期待,这是因为中文已经和他们的生活密不可分了。他们使用的日常用品很多都是中国生产的,使用说明都由中文写就,而且,掌握中文也给孩子们的未来人生提供了很多机会。但是,很多缅甸学生刚入学时,习惯于用傣语沟通,几乎不会讲中文,为此,银井边防小学开设汉语、傣语、缅语课程,教学实行傣语和汉语双语教学。双语教学是现实的需要,同时,十分明显的是,语言的学习还是中缅文化相互了解、相互学习、从小树立睦邻友好意识非常好的渠道。

回溯到20世纪50年代,中国与缅甸就开始互派留学生,并且一直持续至今。这个留学生群体在中缅教育交流、人才培养、友好往来和民间外交等方面发挥了独特又重要的作用。[①]留学生的学习过程中,语言是非常重要的学习内容,中缅的交往过程中,中文也将在日常生活、工作学习中发挥越来越重要的桥梁作用。

---

① 李谋:《中缅互派留学生及其启示》,《公共外交季刊》2012年夏季号。

电视剧里的中国

　　电视连续剧作为日常文化生活的重要内容,在对外交流中发挥着重要作用。近年来,中国连续剧走出去,成为国外认识中国的新名片。一部部受到追捧的电视剧在国外"霸屏":《温州一家人》在古巴热播;《鸡毛飞上天》在葡萄牙国家电视台收视率达 23.2%;一部《媳妇的美好时代》,被翻译成斯瓦希里语,在坦桑尼亚等非洲国家播出,让"毛豆豆"成为中国好媳妇,甚至是中国女人在非洲最流行的名字……

　　在缅甸,中国众多电视剧也同样受欢迎,这些电视剧中,不仅有古装剧,还有现代剧。

　　自 2013 年 7 月,首部采用缅语配音的中国电视剧《金太狼的幸福生活》在缅甸国营电视台播出之后,《红楼梦》《西游记》《三国演义》《包青天》《神雕侠侣》等古装影视剧也相继推出缅语配音版。

　　《奋斗》《欢乐颂》《婚姻保卫战》《父母爱情》等电视剧相继亮相……缅甸年轻人甚至表示:"我们看腻了韩国的帅哥美女,觉得肖战、王一博更好看。"

　　在缅甸,平常人家都安装卫星电视信号接收器,能收到的卫星电视有近 200 个频道,其中中文频道有 60 个,有 CCTV 各套节目,各省市的卫星台,中国香港、澳门、台湾的卫星台。在一户缅甸华人家庭中,年轻的媳妇平常就看湖南卫视,而年长的婆婆每周必看上海卫视的《这就是中国》,复旦大学中国研究院院长张维为是她的偶像。

中国电视剧能够在缅甸走红,不仅在于电视剧本身的质量已经非常高,还至少有以下三点原因。

首先,电视剧的受欢迎是基于文化的相通性。缅甸年轻人也常常讲,他们是看着《西游记》长大的,早在1994年11月至1995年5月,《西游记》就已经走进缅甸,并轰动缅甸全国。时隔20年,2014年,1986年版的《西游记》作为在缅甸播出的第二部中国电视剧,再次走进缅甸,又获得非常大的成功。孙悟空是智慧的化身,是中国文化的使者,《西游记》在缅甸家喻户晓的背后,是中缅两国文化在"善恶有报""侠义相助""一诺千金"等价值观上的共通。另外,尤其需要提到的是,缅甸作为一个佛教国家,对那些历经千难万险求得真经的故事很容易认同和接受,并对那些慈悲为怀、乐善好施、众神庇护、终成善果等情节自然产生共鸣。[1]

其次,电视剧的受欢迎是基于两国人民对生活的共鸣。在今天的中国年轻人看来,《奋斗》虽然仍被视为经典,在业内也被奉为当代中国青春剧的代表,马伊琍、佟大为、王珞丹等演员也凭此走红,但是,这部拍摄于十多年前的电视剧,不论是从内容还是画面上,对于今天的中国来说,已显得有些"老套"。但是,对于现在正处于改革开放后经济快速发展时期,个人命运在拼搏中起伏的缅甸年轻人来讲,当年的《奋斗》恰逢其时:《奋斗》将一代年轻人的迷惘、矛盾、挣扎与冲劲通过一个个故事展现得淋漓尽致。这些故事都很容易走进缅甸年轻人的心中,也给了缅甸年轻人理解与力量。

---

[1] 李法宝:《中国电视剧在缅甸的传播特色》,《西部学刊》2016年第16期。

最后,中国社会的快速发展也是中国电视剧产生吸引力的非常重要的原因。影视作品提供了一个让缅甸民众了解当下中国社会发展、呈现立体中国形象的非常恰当的平台。

除了上述主要以中国故事为背景的电视剧不断走进缅甸百姓生活外,中缅电视剧制作团队也在思考,如何通过创作反映中缅友好交往的剧本,来表达双方合作的诚意和中缅人民的真挚友谊。云南省代表团2012年出访大湄公河次区域5国期间,重点推进文化合作项目——《舞乐传奇》,这也是中国和缅甸合作拍摄的第一部大型电视连续剧,中缅边境的云南瑞丽、缅甸蒲甘等地成为取景地。《舞乐传奇》的那段历史,即以公元802年缅甸古国骠国王子舒难陀率骠国乐团出使大唐献乐这一历史事件为主线,讲述了献乐途中发生在大唐、南诏、骠国之间荡气回肠的传奇故事,再现了1200年前南方丝绸之路多姿多彩的文化交流盛况,以及中缅文化交流的历史渊源。

在国家电视台电视剧频道之外,年轻人更多通过网络渠道收看电视剧,追捧自己喜欢的电视剧明星。Channel Myanmar是缅甸年轻人追剧的一个主要网站,这个网站会根据市场反映情况选择热播的电视剧来做及时的字幕翻译。另外,缅甸人也在社交账号上做类似的翻译工作。缅甸的年轻人告诉我们,虽然这些翻译有些时候不如官方出品的字幕来得准确,但是,这些网站能够对电视剧的流行趋势做十分及时、准确的把握,很好地回应了年轻人的需求。以《亲爱的,热爱的》为例,这部剧在缅甸年轻人群体中用"火爆"二字来形容绝不为过。年轻人多选择在网络上收看。演员杨紫在缅甸收获了大批粉丝,也带动了她的第二部剧《欢乐颂》在缅甸的热播。

另外,在中国国家广播电视总局的指导下,固定时间、固定栏目,正形成品牌效应,助力中国电视剧更好地"走出去"。相关平台的一系列尝试也拓展着中国与"一带一路"沿线国家开展电视剧传播的模式,使电视剧"出海"实现"零星"播出到"批量"播出的质变。中国电视剧在"出海"过程中也逐渐搭建起立体的传播渠道。

从观众群体来看,因为语言关系,中国电视剧在缅甸一开始只是受到华侨华人的欢迎。缅甸华侨华人社区很大,尤其是在缅甸第二大城市曼德勒,聚集着大量经商的华侨华人,电视剧让他们听到乡音,看到乡情。而对于普通的缅甸人来说,与前几年韩剧在缅甸风靡一时形成对比,近年来,中国剧在缅甸非常火爆,已经形成了与韩剧平分秋色的场面。民间与官方围绕电视剧形成的同乐同喜场景正在呈现。

东南亚的世界新工厂

谈中缅的经济合作,我们先来看看这几年"世界工厂"转移的一些新变化,虽然这些事在中国老板们的朋友圈里已经算不上是什么新鲜事。在浙江义乌,帽业协会会长朱智慧所经营的高普帽业工人规模在 1000 人左右,是国内帽子生产的龙头企业之一,多年来为迪卡侬、蕉下等品牌做代加工。如今,高普帽业的高端帽款的生产还是在中国,但部分基础款帽型的生产已经逐渐转到东南亚工厂。中国帽业中的多家龙头企业(包括台资企业),如富美帽业、伟立帽业都已经将工厂搬到了越南与缅甸;菲达帽业的总部在深圳,但是生产基地已经全部转移到孟加拉国,在当地雇用了四五千人。组团考察东南亚各国,很多浙江私企老板都已经在为未来可能要落实的厂房搬迁做尽早谋划,或者,直接像上述多家帽业生产商一样已经开始实际行动。

众所周知,改革开放后,劳动力成本低是中国能够成为"世界工厂"的重要优势条件。但是,根据经济学人智库(The EIU)的报告分析,到 2020 年,虽然区域性工资水平差异还是比较大,但中国绝大多数省份的制造业从业者的时薪已经超过 25 元,江苏、浙江、广东等东南沿海发达地区的时薪水平超过 35 元,北京、上海等一线城市的时薪更是超过了 40 元。随着中国制造业劳动力成本的快速上升,"中国制造"的成本也迅速增加。追逐更为廉价的劳动力市场,不仅是欧美劳动密集型商业巨头们的打算,也需要中国厂商有所行动。

"世界工厂"正在向东南亚转移已经成为趋势,而缅甸更是成为"世界工厂"的新起之秀。今天看来,缅甸国家人口红利特征主要在下面两个方面凸显。

第一是劳动力总量丰富。横向来看,在东南亚11国中,相比柬埔寨(1600万人口)、老挝(700万人口),缅甸人口有近6000万[1]。缅甸老年人(65岁及以上)占总人口的比重虽然也在逐年上升,但是,2018年,这一数据仍只有5.78%,[2]相较于国际通用的人口老龄化标准(即一个国家或地区65岁及以上的老年人口占到了该国家或地区人口总数的7%),缅甸的人口总体还处于年轻状态。

另外一个十分重要的因素是,尽管现代缅甸女性的生育意愿也有所下降,但生育率还是保持在较高水平,自1959年以来,缅甸人口总数量还一直处于稳步上升阶段。一名"80后"缅甸女性介绍,缅甸没有生育限制政策,上一代人信奉多子多福,就像她的妈妈生了8个女儿3个儿子。今天的缅甸人依然不受生育限制,但最多也只生三四胎,选择生两胎的比较普遍。这样的生育率与同为亚洲国家的中国、韩国、日本的低生育危机相比,还是具有十分明显的人口继替优势的。

第二是人工成本低。缅甸人口红利优势首先在成衣加工等劳动密集型产业中得到凸显。缅甸成衣出口市场主要针对

---

① 《缅甸人口数量 缅甸1959—2020年历年人口数量统计》,https://www.renkou.org.cn/countries/miandian/2020/171048.html,2020年4月26日。

② 《缅甸老龄化程度 缅甸65岁及以上老人占总人口历年比重》,https://www.renkou.org.cn/countries/miandian/2020/172619.html,2020年4月26日。

欧盟和日本市场,行业的出口额近年来已经攀升至缅甸出口领域的首位,当然,这部分也得益于包括欧盟在内的国家和地区给予缅甸的普惠制等贸易优惠政策。根据统计,2018—2019财年,成衣行业出口额达到了46亿美元,2019—2020财年,尽管受到疫情影响,其出口创汇仍然能够达到42.8亿美元,占比总出口额近30%。其中,中国在缅服装类投资企业超过400家,雇用当地员工超40万人,占缅甸纺织业的80%以上。另外,缅甸制造业领域在2010年占国民收入的30%,到2020年达到39%。

据一名在缅中资企业的负责人介绍,在2021年缅甸政局动荡之前,成衣工厂工人的到手工资基本上在每月1000—1500元人民币,其中,基本工资在每月1100—1200元人民币,另外的200—300元是加班费。在中国,尽管工资水平各个区域不尽相同,但就算将这个工资水平翻倍至2000—3000元,在中国的成衣制造工人看来也不算高。这个对比还没有算上给中国工人配备的最低也要近千元的各类社会保障费用,而缅甸至今还没有建立起普及性社会保障系统。

再将这一工资水平放到缅甸国内,最高1500元人民币/月的工资水平已经算得上是高工资水平了。2017年,中央电视台《远方的家》节目组曾拍摄过一个缅甸系列,其中有一集是介绍缅甸商人的燕窝生意,采访一名处理燕窝杂质的女工时,她介绍自己每个月能拿到10万缅币的工钱,按照当时的汇率,约合500元人民币。另一个对比是,缅甸国家对刚毕业的大学生的最低月工资给出的指导建议也只有900—1000元人民币。当然,相比于大学生工资待遇的高增长可能,成衣制造厂工人只有多劳多得,并没有多少增加空间。

但是,即使缅甸有成为"世界工厂"的非常好的潜质条件,但在缅甸将来会面临的"世界工厂"升级的过程中,劳动力专业素质不高,恐怕会对缅甸未来的发展,尤其是制造业的转型造成一定限制。有一组数据是比较能说明问题的:缅甸劳工技术标准制定机构(NSSA)自2015年成立以来,按照《ISO 9001:2015国际质量管理体系标准》开展了30个工种的技术考核,并发放相关技术证书。但是,获得技术证书的人数相对劳动力人数所占比例相当少,原计划2020—2021财年发放3000份技术证书,但受疫情影响未能如期完成。目前的情况是,缅甸有2200万劳动力,但其中只有16519人获得了技术证书。[①]缅甸要完成制造业的转型,技术型人才的紧缺仍是一个比较突出的问题。

苏夏是缅甸一家家族企业的第二代接班人。这家本土企业是缅甸空运的龙头企业,也是缅甸国际货运协会的会长单位。当缅甸国内市场开放,国际物流企业纷纷进入分享市场份额时,面对日益激烈的竞争,人才紧缺的困局就不仅仅是数据上读到的那样"无关痛痒"。在日常经营中,"人不够用"成为这位第二代企业家最大的感受。缅甸不缺少劳务工作者,但是,劳动力素质普遍不高,这直接导致中层干部的空缺,从而直接影响着缅甸本土企业的竞争力。

在中缅边境的很多城市,如瑞丽、芒市、陇川,城市的发展需要大量的劳动力,另一方面,政策红利之下,随着边境贸易区和工业园区的迅速发展,一批劳动密集型企业落户、搬迁于此,也产生了大量用工需求,两国人民的跨境劳务互动,尤其是缅

---

① 中华人民共和国商务部:《缅甸2200万劳动力中仅1.6万人持有技术证书》,http://www.mofcom.gov.cn/article/i/jyjl/j/202012/20201203025474.shtml,2020年12月23日。

甸劳工到中国务工,逐渐成为常态。从数据上看,以中缅边境的云南德宏州为例,截至2019年年中,德宏州合法停居留缅籍人员95993人,占停居留外国人总数的99.96%,占德宏州总人口的7.3%。

在德宏州停居留的缅籍人员,绝大部分以务工为生。从行业分布来看,缅籍工人主要从事硅冶炼、木材和红木加工、搬运装卸、建筑装修、餐饮服务、黄草加工、商品销售、珠宝加工、足疗按摩、娱乐服务、食品加工、洗车服务、家政服务、汽修服务、美容美发等,这类人员约占缅籍劳务人员总人数的八九成,另有部分缅籍人员零散地从事农业种植、养殖等行业,但比重不大,从事技术类工作的劳动者相对较少,其余缅籍人员主要从事商贸活动。这么看来,中缅边境的劳务合作涉及就业的方方面面。下面是缅甸产业工人和缅甸种植业农民的两个示例。

银翔摩托车工厂产业园就位于德宏州瑞丽市,工厂出产的摩托车90%出口到缅甸,能占到缅甸摩托车市场的60%,并且进一步从缅甸出口到印度、老挝、泰国、孟加拉国等市场。银翔摩托车厂成为观察中缅双方劳务供求合作的一个很好的例子,我们可以拿银翔摩托车厂的用工情况来看看中缅劳务合作中产业工人的境况。

对于摩托车工厂来说,缅甸工人的一个天然优势是,他们从小到大都在和摩托车打交道,摩托车是他们最日常的出行工具。因此,从知识到装配工艺,缅甸工人对摩托车都已经很了解了。来到厂里进行简单培训后,安装轮胎、车前挡板、后视镜这些工作,缅甸工人都能够很好地胜任。中国工厂付给缅甸工人的工资一般为保底工资加上绩效工资,每个月拿到手的工钱能保持在2000元左右,这些工资收入与缅甸国内同行业工资相比,已经很有优势了。工厂一般都不给缅甸工人购买社会保险,但都会按照中国地方政府"用工单位必须为外籍务工人员购买保险"的要求购买保险。比如,中国大地保险公司就有为瑞丽外籍务工人员提供的保险业务,保险费195元/(人·年),其中意外伤亡保额20万元人民币,意外医疗保额2万元。这样看来,聘请缅籍工人确实让中国工厂的人工成本有了大幅下降。

对于缅籍工人来说,由于工厂一般都提供食宿,他们的普遍开销只在每人每月200—300元,留存下来的收入,他们都寄回缅甸家中。一般到了休息日,他们就近跨越边境到缅甸的银行里存钱或汇钱回家。尤其是对于北部的缅甸人来说,相较于去仰光、曼德勒等大城市要托人、靠关系才能进大工厂上班不同,到中缅边境的云南上班,找工作容易得多,而且离家近,能有更多的安全感。

缅甸工人一般都不会说中文,而会说中文的缅籍华人来到中国境内,更多会选择经商,或者可以到工厂里担任管理工作,这样,每个月的平均工资都能提高到2500—3500元不等。另外,有些缅籍华人会做一些翻译工作,根据翻译的复杂程度和文字字数计算翻译工资,中文翻译1000字,市场价格在400元人民币左右。另外,近些年来,一批来中国完成大专、中专教育的缅甸人,中文也说得很好,这时候他们就可以从事缅甸语培训的工作,担任缅语老师,工资基本能达到4000元/月。

除了在工业生产、教育及语言服务等方面的互补,中缅双方还有广泛的农业合作,催生了一批跨国农民。中方利用土地租赁的方式,将资金和技术输出到缅甸,利用缅甸相对廉价的土地成本和人工成本,使原本大片的荒地产生了经济效益,为当地人带去了实实在在的收益。而对缅甸人来说,许多缅甸人起初只在中国企业承包的农场里打工,获得劳务费等直接收益,后来有一些人通过学习种植技术,或者通过土地、资金入股等方式,与中国企业合作进行西瓜等水果种植,然后卖到中国,增加他们的收入,慢慢形成参股开发、合资开发等合作形式,促进中缅跨境农业良性发展。中缅跨境农业的开发建设,正在全方位实现互利共赢。

卖中国货的缅甸淘金人

"谈论缅甸经济,我们无法绕开中国。一是缅甸普通老百姓的消费能力还相对比较低,对于大部分出口商品,缅甸国内市场还无法完全消化。另外,中缅边贸有非常大的互补性,缅甸出口的高质量农产品很受欢迎;而相对便宜、质量也越来越过关的中国货,缅甸人也买得起。"以上这段缅甸商人对中缅经济关系的观察,也与这些年来中缅之间的一系列经济数据是一致的。

自两国改革开放之后,经济和社会发展成为包括缅甸在内的东南亚国家关注的首要问题。在缅甸方面,1988年是缅甸历史发展进程中的一个转折点。缅甸新的军政府上台后,开始部分实行对外开放和市场经济改革。美国等西方国家对缅甸实施经济制裁后,中缅边贸恢复迅速,缅甸同中国再度建立密切关系。

从中缅建交之后两国经贸发展的走势来看,经贸额的上下起伏与两国政治关系直接相关。从图中可见,这种相关性在中缅各自独立至改革开放这段时间体现得尤其明显。

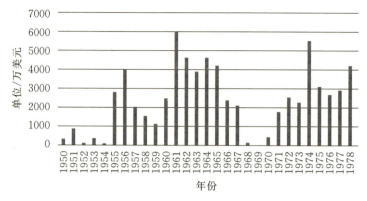

中国与缅甸对外贸易进出口总值

　　这份由当时的中华人民共和国对外经济贸易部(现中华人民共和国商务部)发布的统计数据①还显示,1985年是中缅经贸关系的一个明显的转折点,1985年至1986年间,进出口额从1984年的3264万美元增加到1985年的7064万美元,自此便保持着比较稳定的上升趋势。这背后有中国的改革开放、市场经济不断成熟,缅甸实行对外开放和市场经济改革等原因,也有在经济全球化的背景下,两国政府对于边贸的重视等促成因素。

　　在中缅经济交往中,有一个非常活跃的群体——缅籍华商,他们凭借语言、文化、人脉等各方面优势,在中缅经济交往中扮演了非常重要的联络角色。中缅边贸的发展带动了缅甸北部的经济发展,也为缅甸北部的华人带来了更多商机。缅甸第二大城市曼德勒云集着众多华商,在缅甸城市中心形成了占主导地位的华人商圈。范宏伟在《缅甸华侨华人史》一书中专

① 中华人民共和国对外经济贸易部:《对外贸易统计资料汇编(1950—1989)》,1990年,第51页。

门研究过这一群体,但谈论的时间点基本只到1988年缅甸改革开放之前。在"一带一路"的倡议之下,随着互联网经济的发展,缅甸华商的新近情况又是如何的呢?两个缅甸华人——一个实体店老板和一个电商掌柜的故事可以让最新情况呈现一二。

三兄弟箱包店就是由缅甸华人——李氏三兄弟在曼德勒开设的箱包连锁店,到目前为止,连锁店已经有了8家门店,算得上是曼德勒最大的箱包卖场。兄弟三人中,大哥和二哥负责管理,小弟负责从中国进货。虽然自1988年缅甸逐渐实现改革开放后,随着外资企业的进驻,很多行业,比如物流货运等,都受到了很大的冲击,但是,以卖中国货为主业的零售市场基本上没有受到竞争影响。更有利的是,中国生产的箱包在整个东南亚市场都具有一定的价格和质量优势。据他们自己做的市场调查,在仰光的竞争对手会去泰国曼谷进货,但后来也发现,从泰国批发的产品只是中国货经过泰国,辗转到了缅甸市场。在日用百货中,中国商品依然主导着缅甸市场,这是不争的事实。

从2002年开始,三兄弟箱包店已经和瑞丽的四五家箱包批发商合作了18年。在几年前,三兄弟箱包店也去广东、义乌的厂商那里比过价格,也清楚地知道如果直接向厂商拿货会增加15%左右的利润,但最后,三兄弟箱包店直至今天还是从瑞丽拿货,最主要的原因,是瑞丽的批发商都允许赊账。也就是说,如果"三兄弟"要开一家新的分店,只需要在曼德勒市中心租下一个店面再简单装修一下就可以了。新店里的箱包都可以由瑞丽的供货商提供,并且80%的货都可以赊账。这对于正处在快速扩张期的三兄弟箱包店来讲十分重要。

在了解了缅甸许多像三兄弟箱包店这样的企业后,一个十分深刻的印象是，像中国传统的商业体一样，"信任关系"依然在缅甸人"生意经"中扮演着重要的角色。不仅三兄弟之间一起做事，不分彼此，这种信任也处处体现在和中国人做生意时：货款方面，中国供货商与"三兄弟"并没有商定具体的付款日期，而是当供货商欠款大概达到20万元人民币时，结一次账；在货物订购上，只看对方发过来的货物图片，告诉对方订货清单，也没有正规的合同约定，中国的供货商直接就会发货到缅甸；一年到头，缅甸商人最多去中国两次，就当老朋友一样，与供货商见个面。如果遇到一些质量不好或者需要退货的商品，缅甸商人也会直接低价处理。

三兄弟箱包店的三老板跟着两个哥哥做生意，现在也已经经验丰富，也十分了解缅甸市场消费者的需求。在向供货商订货前，缅甸商人一般会告知供货商缅甸消费者基本能够接受的价格和受欢迎的款式，再去找匹配的货物。在缅甸畅销的中国商品一般都价廉物美。缅甸市场的最大尺寸——28寸的箱包，缅币价格在10万—15万，相当于人民币600—700元。直到今天，缅甸消费品市场还没有形成十分清晰的品牌意识，三兄弟箱包店一直零售中国厂商的品牌。

即使从上面看，缅甸的消费品市场还处于相对传统的经营状态，但一些小变化也已经逐渐出现。正如中篇以及其他很多资料中提及的那样，缅甸电信业的开放引发了一场相关联的革命：2011年，缅甸几乎没有人拥有手机；到2016年，大多数人都拥有了智能手机，使用网上的社交媒体账号。虽然面临着支付、物流等多方面的限制，缅甸的电子商务也已经乘着互联网的东风逐渐起步。但对于三兄弟箱包店这样的实体店来讲，电商带来的冲击感并不十分强烈。但另一方面，面对整个世界的互联网潮流，"三兄弟"并不敢掉以轻心，也开始雇专门的人尝试在线上销售产品。但从销售比例来讲,"三兄弟"八家门店的销售总额90%以上都还是由实体店实现的,正常年份,每年的销售额能达到人民币500万—600万元。电商的下单、支付(银行汇款)、出货(如果跨城,就需要将箱包寄送到对方城市的货运站,买家自己来取货),整套销售方式仍十分传统,需要靠人工,十分烦琐。

线上的商品逐渐增多,当然,缅甸消费者有时也会像中国消费者一样上网比价。对于网上其他小卖家的低价箱包,如果价格合适,"三兄弟"会直接将这批箱包买下来。虽然电商在缅甸冒出了"小苗头",但是,虚拟经济还远远没有形成与实体经济同台竞争的实力。

即使电商的发展现状并不十分好,缅甸电商市场发展还是被认为有广阔的前景,持这样观点的人往往会提出以下证据:

(1)在商品稀缺的缅甸,商品供不应求,消费者选择有限,所以电商的物类丰富是第一大优势;

(2)缅甸拥有大量年轻人,年轻人在适应新的机会和新的技术方面都表现出乐于接受的态度;

(3)缅甸位于东亚、东南亚和南亚3个地区的交界处,北部与中国毗邻,西部与印度、孟加拉国相接,东部与老挝、泰国交界。通过缅甸市场,可直接进入中国、印度等其他国际市场。

的确,近年来缅甸电商及中缅边境的跨境电商发展的喜人形势,也进一步增强了市场信心。在大城市的箱包行业,电商还没有构成大的竞争威胁,但是,在缅甸北部的服装行业,电商带来的影响就不能被忽视了。居住在缅甸北部腊戍的缅甸华人亨妹,就是这支电商淘金队伍中的一员。

年轻的时候,她也像缅北的很多年轻人一样,在20岁刚出头时,去泰国、马来西亚等地方闯荡。缅甸年轻人大多没有明显的教育优势，即使是最好的医科大学的毕业生，经过7年的专业学习出来找工作，如果每个月能达到100万缅币（5000元人民币）的薪资已经是非常高的收入了，取得这样收入的前提还是建立在这几年缅甸私立医院逐渐增多的基础上。因此，外出打工是很普遍的选择。据不完全统计，今天在泰国和马来西亚务工的缅甸人都不下百万。

亨妹没有很好的教育背景，一开始也没有非常充裕的本金，已经结婚生子，想拥有比较自由的工作时间来照顾家庭，再外出打工显然已经不太现实。但是，这个曾经闯荡世界的女子并不甘心只在家相夫教子。2015年，在中国云南打工的妹妹告诉亨妹，中国的淘宝和1688平台上的东西十分便宜，而且进货的量也没有规定，进多进少都可以，这样，本金的压力就没有了。而且，当时社交软件已经在缅甸开始流行。从那个时候开始，亨妹就尝试从中国的淘宝和1688平台进货，到缅甸再通过社交账号卖货。

亨妹自己平常喜欢买衣服，对服装市场也比较了解，腊戌这里的服装店进货都到仰光，款式远没有淘宝上多。亨妹现在每次进货，货款差不多都有3万元人民币，货物包括了男装、女装、箱包、鞋子。从中国进货后，做生意的方式都不一样了。亨妹的主要客户是缅甸人，一开始她还租了一个实体店面，线上线下同步销售，后来线上的销售占比越来越大。社交媒体页面上全部商品都是一口价，大概人民币25元一件，每件商品能赚10—20元不等。看来做中国服装生意利润相当可观。

但是，这个生意也有让亨妹头疼的时候。一是到货时间太长。从淘宝下单，到货物运至缅甸家中，一般需要个把月的时间，自新冠疫情暴发以来，到货时间更不确定。二是无法退货。即便遇到款式不喜欢、有质量问题的情况，因退货成本高、不方便,也基本不退货。第三,也是最让亨妹觉得麻烦的,是账户冻结问题。一般情况下,缅甸身份证申请不了中国银行的账号,也申请不了支付宝账号,缅甸人只能通过边境快递公司(如果找快递公司代付,基本上每件衣服会被收取4—5元人民币的服务费),或者请在中国打工的亲戚代付。但是,替她付款的亲戚的支付宝账号又因为多地登录、异地付款等,被多次冻结。

实际上,"买中国货"时的付款问题,在我们前面提到的箱包生意中也有被提及。缅甸商人向中国企业付款,因为缅甸正常银行系统都是人工操作,需要排长队,到款时间需要3—5天。而通过中介汇款,只要一个电话确认汇率,然后发中国企业的账号信息过去,10分钟之内就能完成交易。因为汇率和效率方面的差距,这种交易方式已经成为中缅企业交易选择时被更多选择的方式。

受益于互联网的高速发展,电商交易的兴起,卖中国货不再仅仅是"大老板们"的特权。近几年来,由缅甸第一代电商人支撑起来的代购代发的快递小店在云南瑞丽街头发展起来,它们主要经营的业务就是帮助在国境线另一边的缅甸人从淘宝和1688代购商品,收发货物,再通过自己的物流网络将这些货物送到缅甸境内的客户手上。当然,这些繁忙的货运生意都只是中缅边贸生意兴盛的一个时代小缩影。

随着"一带一路"倡议的落实,中缅边境开始享受越来越多的政策红利。以瑞丽姐告边境贸易区为例,它距离缅甸国家级边境口岸木姐城区仅500米左右,是全国唯一实行"境内关外"特殊管理模式的地方。"境内关外",即国内所有的货物越过姐告大桥中心横线以后进入姐告区视为出口,出口货物可以在姐告区内对外进行批发零售,不再受海关监管;进口货物可以直接从缅甸进入姐告区内,在未越过姐告大桥中心横线进入市区前,可免于向海关申报。"境内关外"模式的设立,极大地刺激了瑞丽进出口的增长。今天,瑞丽口岸已成为中国对缅贸易的最大内陆口岸。

黄金有价玉无价

中缅经济联系中，翡翠这一货物有着十分特殊的地位，如果缺少了对翡翠这个最为传统、最为经典的货物的现代交易的介绍，对中缅经济的认识仍会留有缺憾。今天，中国人提起缅甸，还是会很自然地想到翡翠，从古至今，在中国，上至帝王将相下至平民百姓都对缅甸翡翠爱不释手。但是，缅甸人本身对翡翠并不特别偏爱，反而是钟情于黄金，"金"这个字就被用来形容许多具有重要价值的事物。但是，对于黄金和翡翠价值的比较，缅甸人的解释更直截了当："黄金项链戴出去，多粗多重，大家一目了然。玉石说到底就是块石头，又能说明什么呢？"

而对于现在正处于乱局中的缅甸人来说，在"乱世黄金，太平玉"这条准则下投资肯定是最为保险的。2020—2021年，由于受到新冠疫情及政局动荡的影响，缅甸人对翡翠、珠宝类的消费量急剧下降，而对于黄金的购买需求则依然十分旺盛，即使黄金的损耗费被几倍增收，相对于已不被信任的银行系统，老百姓还是希望能购买黄金护身。黄金协会的消息也证实，从2021年2月2日起，有相当数量的民众在银行取回现金后，就在第一时间选择去购买黄金。

　　无论是黄金还是玉石，提到缅甸的珠宝，华人在圈中的地位需要被补充解释。今天，经过几代华人的传承，缅甸黄金市场几乎由华人主导：缅甸人买黄金一般会选择去唐人街，那里是各大金店的聚集地，即使是各大商场里的黄金品牌，总店绝大多数也都在唐人街。老牌的黄金品牌如九龙，经过几代人的诚信经营，不仅纯度有保障，而且打金手艺世代相传，工艺也得到了缅甸国内市场的认可。

　　"翡翠实际上就是块石头"实际上就道出了"黄金有价玉无价"的事实，只是这里的"无价"，中国老百姓和缅甸老百姓显然有着截然不同的认识，在中国老百姓这里，"无价"当然是指实打实的高价值。今天的中国老百姓已十分习惯将翡翠作为缅甸的代名词，常常一提起缅甸，就会想到翡翠，或者，一提起翡翠，自然就想到缅甸，其实这种联想不是没有道理的。尽管美洲、俄罗斯、日本等地区也都出产翡翠，但严格来说，只有缅甸产的翡翠才是宝石级的翡翠玉，而其他国家或地区产的翡翠，只能被称为翡翠石。缅甸出产的翡翠占全球市场份额的95％以上，而缅甸99％以上的翡翠又产自北部密支那勐拱等地区，翡翠矿区主要位于勐拱西北部的乌龙河上游，长约250公里，宽约15公里，面积只有3000余平方公里。

　　同时，翡翠的生成条件极为苛刻，只能在低温高压、强烈挤压的构造带中才可能生成。从缅北到青藏高原及云南横断山脉，是全球板块活动最强烈、地质构造最复杂的地区。印度洋板块与欧亚板块撞击，将洋底的玄武岩破碎、挤压，推向地球表面，发生高压重结晶作用。玉石厂口所在的密支那一带就处在两大板块的缝合线上。到今天，地质学家研究翡翠的化学成分几乎经历了一个多世纪，虽然早期的研究者已经得知它的化学成分是钠铝硅酸盐,但仍然没有人能解释清楚为什么翡翠能呈现如此千差万别的颜色。

物以稀为贵,这样的产地局限性和生成翡翠的极为苛刻的地质条件,让翡翠的身价一直居于高位。但是,回望历史,从16世纪翡翠自缅甸传入中国,到今天,翡翠早已与源远流长、博大精深的中国文化相互渗透,融为一体,这中间是经过了一个漫长的历史演变过程的。在中国,翡翠晋升为身份的象征,从一般的玉石成为宫廷瑰宝,甚至被誉为"帝王玉",尤其离不开清朝两位当权者对翡翠的追捧。

在中国,"翡翠收藏第一人"非乾隆皇帝莫属! 乾隆皇帝到底有多爱缅甸翡翠呢? 如今故宫收藏的3万多件玉器中,有一半都是乾隆年间制作的。朝珠、扳指、鼻烟壶……几乎一切能够用翡翠制成的生活物品,乾隆皇帝基本都拥有。这些翡翠物件流传到今天,早已价值不菲。2012年,北京保利秋拍中国古董珍玩夜场上,清乾隆御制的"翡翠雕辟邪水丞"就以4945万元的成交价拍卖成功,成为当时拍卖市场成交价最高的翡翠动物摆件。不管怎样,乾隆时期是翡翠身价抬升的关键时期,从不起眼的美石成为人人争相选购的玉石,这是事实。难怪纪晓岚在《阅微草堂笔记》之中记载,在他幼年,翡翠只是一种新奇的美石,人们根本不将它看作玉石,而在乾隆朝中后期,人们却将其视为珍玩,"价远出真玉上矣"。

翡翠文化发展到今天,早已是中国传统文化的重要组成部分,也是传统文化的重要载体,其内容丰富,内涵深刻。以中国传统的福文化为例,福、禄、寿、喜、财是中国吉祥文化的核心,"福"又是五大主题之首,福文化在翡翠的雕刻题材中也得到了很好的体现。"玉养人,人养玉",很多中国女人手上戴着翡翠玉镯,一戴就是一辈子。

中国人信奉"穿金显富贵,戴玉保平安",现代中国人对"玉中之王"的翡翠,更展现出独特的偏爱,这种偏爱反映在翡翠市场持续不减的热度上。在今天的缅甸,华人圈中依然保持着明显的区别于缅族的独特翡翠喜好。佩戴翡翠的缅甸人多为华人,如果新娘的嫁妆中有非常多的翡翠玉器,那是显示华人家庭显贵身份的最好方式。

说回到翡翠,近20年来,因为对翡翠的强挖猛采,缅甸的翡翠原石保有储量已经不多,这让缅甸政府对翡翠的出口及开采一直采取逐步紧缩的政策。2000年开始,缅甸政府又加强了对翡翠毛料的控制,毛料不再走云南腾冲出口,而是直接在仰光拍卖出售。2016年9月,在缅甸政府的监察督办下,关闭了1000多家矿场。同时,缅甸资源与环境保护部部务委员也表示,不再批准帕敢矿区开办新的矿场,并且停止为运营期满的矿场办理延期。作为几乎垄断了全球翡翠原石供应市场的国家,这些政策的陆续出台对中国的翡翠市场产生了直接影响。但另一个事实是,早年开采的玉石原石存量还非常大,每年的拍卖也无法快速地清空库存。

翡翠在华人圈的备受青睐,以及在华人圈之外认可度的下降,都导致了翡翠的销售、生产对中国市场产生了高度依赖。今天,缅甸的99%的翡翠都销往中国,并在中国市场加工、出售。1998年3月,缅甸政府正式开通其唯一的翡翠陆路出口通道——与瑞丽姐告一街之隔的木姐市,允许翡翠毛料以边贸方式进入瑞丽。自此,中缅边境小城瑞丽就成为全国最大、最早的缅甸翡翠交易市场,被称为"国内翡翠第一城",而其中,最出名、繁华的卖场就数"姐告玉城"了。今天我们在全国珠宝贸易市场看到的铁皮柜上看货的"简陋"方式,也是从"姐告玉城"流行开来的。早在2000年开市之初,为了客户看货方便,慢慢就形成了将商品摆放在铁皮柜台上销售的方式。尽管后来有了成品销售，交易时也将商品摆放在铁皮柜台上进行销售。这种看货形式也充分体现了翡翠交易的公开、透明、公平交易的原则。

　　这几年，玉石交易出现了新的变化。在过往，传统线下市场实体交易一直是翡翠行业主要的交易模式，高档商场的柜台、品牌直营店、玉石类特色市场等，都是消费者的主要购买平台，商家也十分依赖这一市场。2020年上半年受新冠疫情冲击影响，线下场所人流量同比急剧减少，根据2021年发布的《2019—2020中国翡翠行业消费白皮书》统计，2020年中国翡翠产业的线下市场规模同比下降44％。

　　尽管实体销售面临大幅萎缩的风险，但如中国市场的其他多个行业一样，翡翠的线上市场借助直播东风，发展形势喜人。瑞丽珠宝玉石、跨境物流等行业正在拥抱互联网，珠宝主播成为新时代的淘金人。在瑞丽姐告玉石市场中，不少年轻人将手机架于三脚架上，对着珠宝玉石进行直播。张丽夫妇一年前赤手空拳从河南来到瑞丽，夫妇俩在缅甸人的玉石摊位上，为千里之外数千名看客直播介绍玉石，并替有意购买者向摊主讨价还价，从中抽取提成。这些玉石主播每天直播3场，持续到凌晨3点。据统计，在2020年5月后，随着疫情日趋缓解，翡翠专业集散地市场逐渐回暖，交易量迅速恢复到疫前水平，并保持增长趋势。2020年，翡翠线上成交总额高达2300亿元。

浙商抢滩开放"新大陆"

　　早在 2012 年 8 月,亚洲开发银行曾发布题为《转型中的缅甸:机遇与挑战》的报告。报告预计缅甸未来 20 年年均经济增长率将达到 7%—8%,并将在 2030 年实现人均 GDP 翻两番,增加到 2000—3000 美元的标准,跻身中等收入国家行列。当然,缅甸的发展前景在很大程度上取决于其国内局势的和平与稳定,但是,这份亚洲开发银行自从缅甸实施改革开放以来首次发布的缅甸经济报告,的确能够作为当时外界对缅甸发展信心的一个旁证。

　　2020 年前 4 个月,东盟成为中国第一大贸易伙伴。作为东南亚崛起的代表——缅甸近两年保持 6%—7% 的经济增速,在世界营商便利指数排名中蹿升了 17 位。缅甸市场投资开始变得火爆,甚至可以说是热得发烫,一些媒体开始称缅甸市场是"黄金处女之地"。将缅甸冠以"黄金处女之地"的美誉,除了已经提到的黄金、宝石等资源丰富的优势外,贸易地理条件绝佳的交通优势也十分明显,即缅甸是东南亚大陆面积最大的国家,位于东亚、东南亚和南亚 3 个地区的交界处,同时也是中国西南腹地上唯一能绕过马六甲海峡快速通往印度洋的陆上通道,是未来亚洲转口贸易的首选地。其他至少还有以下几个方面的原因。

　　首先,"黄金处女地"用"黄金"二字形象地表达了外商对缅甸投资的强大信心。缅甸允许外商投资的领域十分广泛。根据2012年底缅甸已通过的新的《外国投资法》，包括电力、石油和天然气、矿业、制造业、饭店和旅游业、房地产等领域都开始吸引外资直接投资，虽然农业、畜牧水产业被列入了限制投资领域，但还是允许外资与缅甸企业按法律规定组建合资企业投资。2018年，当地政府实行新《公司法》，允许外资独资进行各类商品的零售、批发，吸引全球商户登陆缅甸市场。更具吸引力的是，如果能拿到缅甸投资委员会（MIC）颁发的许可证，外资企业可以享受3—7年的所得税免税待遇。

另外，还需要补充的是，国际贸易税收及缅甸为吸引外资的所得税减免，也是一笔不小的账。对于在中国国内从事外贸，尤其是从事欧美贸易的中国商人而言，自中美贸易摩擦发生以来，尽管各行业受影响程度各不相同，但是，对于有些商家来说，美国加征关税让他们的利润率直线下降，甚至无利可图，也是事实。宁波一家从事相框生产的外贸公司的产品就被加征了15%的关税。而一家生产挂袋的义乌厂商，在中美贸易摩擦发生之后，美国客户就基本不来拿货了。

第二个方面，"黄金处女地"也形象地道出了缅甸经济尚处于起步阶段，还有充分的成长空间。回望历史，当第二次世界大战结束，东南亚各国纷纷独立，并且取得了经济社会各个方面的大发展之时，缅甸却因为国内政局的动荡错失了经济发展的最佳时机。面对普遍落后于周边邻国的现状，缅甸几乎所有的产业都急需投入资源，政府将在贸易与投资自由化、教育、医疗、透明度与基础设施建设方面加大改革力度。

但同时，对于外商而言，"处女地"也意味着整个营商环境及基础配套的相对原始状态，从以下说法中可以窥得一二。

如，有些人认为，缅甸的网络普及率、智能手机普及率、电子商务普及率都还偏低。

如,缅甸的交通网络不完善。缅甸西部的主要港口城市若开邦首府实兑,距离仰光 600 余公里,开车却需要 20 多个小时。

如,投资环境的安全性等级差。当地现有的贸易市场业态混杂,过道和店铺面积狭窄,更缺乏报警系统、自动喷淋等现代化配备。一旦发生意外往往成为严重事故,商户损失巨大。

如,投资环境的规则化程度弱。在缅甸做生意依然很讲究"人脉""关系"。

这些"主流认识"与今天缅甸的现实状况算是比较符合的。但问题是,如果只是看到了这些方面,对于更好地进入缅甸、融入缅甸还是不利的。

比如,笼统地说缅甸的网络普及率低,并不准确。近年来,缅甸人已普遍使用 GPS 信号,只是 2021 年政局动荡之后,网络通信变得更不稳定,在户外公共区域,大流量需求完全不能实现。但是,缅甸一般收入以上的家庭中都装有无线局域网,缅甸人回到家,网购、直播、与朋友视频通话,都没有什么问题。

有时候,"主流认识"的不准确还会影响我们的处事判断。比如,上文说到的"生意""人脉"的那套规则,当然,在缅甸整体的营商环境当中确实一定程度地存在,但是,它不应该成为商人理解缅甸市场的一个主导原则,因为它导致的一个非常严重的后果是,当"用钱解决"成为第一选项时,规则的遵照与其他更为积极的方式会退缩到一边。

不尽如人意的基础配套状况的确阻碍了缅甸的快速发展,但是,另一方面,对于商人们而言,各种不健全的配套背后都潜藏着交通基础建设、互联网科技上的一波又一波商机。

以物流快递业为例,与中国国内市场行业巨头已抢得先机,形成基本格局不同,缅甸的快递业还处于一个大快递公司尚未站稳脚跟,小快递公司尚有非常宽阔成长空间的阶段。过去20多年里,缅甸市场的国际物流公司只有DHL(中外运-敦豪国际航空快件有限公司),今天,TNT(荷兰快递服务商),还有中国的EMS(中国邮政速递物流)也已经开始抢占缅甸市场;同时,不少规模在20—90人的小型缅甸本土同城物流公司也在兴起;另外,上文我们已经介绍过的中缅跨境电商业务的急速增加,也带动了一批物流配套从业者,他们也在积极寻求资源整合与业务扩展的机会……中国商人在这样的市场中,必定已看到非常多的商机。这是"黄金处女地"的第三层含义。

缅甸商务部数据显示,缅甸2019年全年进出口总额为349.80亿美元,中国已是缅甸最大贸易伙伴和最大投资来源国,而其中,中国民营企业的投资超过60%。其中,作为中国民营企业的代表,浙商的参与必不可少。随着缅甸对外开放步伐的加快,越来越多走出国门的浙商投资者的目光聚焦到这块金色大地,开始投身缅甸闯荡。浙商敢于创新,敢于冒险,敢于吃苦,历经千辛万苦、说尽千言万语、走遍千山万水、想尽千方百计的"四千"精神无不落在一个"敢"字上,而这又与缅甸"黄金处女地"的发展阶段需要的冒险精神十分相称。

以2019年前10个月为例,缅甸与浙江双边贸易总额超过10亿美元,增长超过36%,浙江对缅出口9.6亿美元,同比增长33.7%。当前,与浙江产业结构互补的缅甸已成为浙江省重要贸易伙伴。[①]尤其是在纺织产业这一缅甸、浙江都保持优先的

---

①　浙江省商务厅:《"品质浙货"再进缅甸!第三届浙江国际贸易(缅甸)展览会顺利举办》,https://mp.weixin.qq.com/s?__biz=MzA-xNTE2MzAwNQ==&mid=2651181216&idx=1&sn=69b8f48a6ebe21716b6d76a7aaac6eac&chksm=80793bb2b70eb2a4d328f035e989ba0fba40d27c5b9899ca6e9a8896d6fd1da2c1122205ede3&token=959097990&lang=zh_CN#rd,2019年12月19日。

优势产业中,双方契合得十分明显。近年来缅甸成衣加工业迅速兴起,纱线和面料主要依靠进口,强劲的需求拉动瑞丽口岸纺织纱线类产品出口大幅增长。此外,在东盟的相关协议下,缅甸进口中国纺织品可以减免关税,企业利润空间扩大,纺织品出口竞争力提升。而在浙江,纺织不仅是传统优势产业,而且串起化纤、织造、印染、化工、纺织机械、服装等多个环节,在浙江境内牵引绍兴、嘉兴、宁波、杭州等地一批上下游企业,形成了产业集群、错位发展的良性产业生态。缅甸希望能把中国的先进技术、纺织品、纺织机械等带入缅甸,而中国商人尤其是浙江商人也希望能够在充分利用上述已经提及的劳动力等要素成本、贸易壁垒、地理位置等普遍要素之外,还可以充分发挥国内企业管理经验,进一步提高生产效率和技术水平。

为了更好地对接国内、国外的市场需求,从2017年开始,浙江省商务厅就开始举办浙江国际贸易(缅甸)展览会。2019年,第三届浙江国际贸易(缅甸)展览会在缅甸仰光会议中心召开,共设150个展位,浙江省共有141家企业前来参展,产品主要以纺织品和轻工类为主。展会期间,为了让中缅双方企业获得充分的交流沟通,包括"一带一路"中缅投资贸易论坛在内的多个配套活动同时举行。当然,在抢占缅甸市场的过程中,中国纺织企业需要根据缅甸当地人的着装特色和对纺织面料的需求来设计区别于中国市场的产品,这是机遇,也是挑战。

的确,相较于有在缅甸经商百年历史的广东商人和福建商人,以及更早地从滇缅边境经陆路进入缅甸的云南华商,浙江商人在缅甸闯荡的时间算不上长。为了给在缅浙商搭建发展与合作平台,2015年9月,缅甸浙江商会就在仰光成立,商会创立之初即吸引近百家会员参与。浙江商会积极参与缅甸社会建设,2015年8月,缅甸多地洪水肆虐,近百万群众受灾。在缅浙商感同身受,踊跃捐款捐物,并亲自组织团队赴灾区慰问灾民,传递浙江情,展示中国爱,此举得到了缅甸政府和民间的肯定与好评。

长三角地区是中国经济发展的重要引擎,浙江则是长三角地区最重要的经济大省,而在大名鼎鼎的义乌,从20多年前的一个小商品市场发展成为今天的国际商贸中心,"中国制造"的商品通过义乌畅销全球。中国很多市场的综合批发性对于缅甸商品货物的短缺有非常好的互补作用。问题是,中国模式、中国商品和中国商人如何参与、助力缅甸商贸业的发展?这是浙缅合作中的一个大问题,也是一个大契机!

中国拥有丰富的商品种类、完整的产业链条、成熟的营商经验,在缅甸当地的贸易竞争优势是无可比拟的。一名带着缅甸朋友多次来义乌采购的缅甸华人告诉我们,过去,缅甸批发商更多到泰国批发货物,但后来发现,大部分泰国市场上的商品,尤其是日用生活品,几乎都产自中国。于是,他们就试着组团来中国考察市场:广州、东莞、山东,以及世界最大的小商品市场——义乌国际商贸城。在参观过中国的专业市场模式之后,缅甸商人也非常希望能在当地找到类似中国义乌小商品城这类现代化的大型专业批发市场,在一个可以遮风挡雨的大平台发展业务。

当前已经开始在仰光运营的星迈黎亚(Samanea)缅甸仰光商贸城适时地对接、满足了各方需求。仰光商贸城也被称为"小义乌"。它是由新加坡星迈黎亚集团在缅甸仰光主导开发的一座现代化的大型综合批发市场,在设计、工程、运营、管理等方面充分参考了义乌和广东等中国专业综合商城的发展经验。例如,其市场物业全部自持,商铺只租不售;秉持"贸易生态圈"的设计理念,业态分布清晰。配套完善的商品交易区、仓储物流作业区、餐饮娱乐休闲区。经营的商品包括各种工艺品、五金工具、工业电器、安防设备、酒店餐厨用品、日用百货、家装建材、灯具及配件等几乎涵盖百姓日常生活的所有商品。而且,该市场地理位置优越,在仰光新城核心区占地30万平方米,前往仰光港国际码头和机场仅需30分钟左右。这类型的现代化批发市场相较当地市场,无疑更适配中国商户的习惯,可以有效降低各类出海经商、在地运营的风险,也为中小企业和商户赴缅甸开拓市场提供贸易服务。而对于缅甸老百姓来说,他们的体验更为直接。过去买各种商品,需要跑各种市场,而现在,一站搞定,十分便捷。

义乌小商品市场作为一个十分成熟的国际市场,不仅在向全世界分享着自己的商业模式,同时,也以非常开放的姿态接纳全世界年轻人去义乌交流、学习。义乌外事办已经连续多年举办"义路同行——全球青年创业培训计划"。一名缅甸电商培训机构的领队向我们介绍了2018年赴义乌参加全球青年创业培训计划的几名成员的情况。他们到义乌不仅参观了规模很大的贸易公司、先进的物流仓储基地,还有义乌商人来手把手教他们如何选货、下单、租仓库、联系运输等具体细节。青年创业培训计划增进了世界对义乌的了解,同时,参训的国际青年人也通过学习创业知识、增强实战技能,在未来可能的"买"与"卖"中建立与浙江的联系。

随着"一带一路"合作倡议得到越来越广泛、深入的实践,中缅合作继续大踏步向前发展。我们以2013年7月5日中国驻缅甸大使馆带领35家重点中资企业共同发布的《驻缅甸中资企业倡议书》共同勉励,以此作为交往的准则,愿中缅在未来的发展中收获越来越多的"双赢":

中缅两国山水相连,友谊源远流长,缅甸中资企业作为中缅两国经济的重要组成部分,承担着促进两国经贸合作的重

任。为在缅甸创造和谐经营的气氛并使中资企业在缅合作项目造福缅甸人民,我们公开倡议如下:

(1)倡导自觉遵守缅中两国法律法规。增强法制观念,自觉学法、守法、用法;在经营活动中,严格依法办事,依法纳税。

(2)倡导树立诚信观念。严格履行合同、协议、契约规定的义务;明礼诚信,公平竞争,坚持道德自律,取信缅甸社会,取信缅甸民众。

(3)倡导保护环境。严格执行缅中法律法规要求,认真落实执行环境保护评估和管理体系,开展环境保护工作,通过环保技术应用等措施消除环境影响或将对环境的影响降至最低。

(4)倡导积极响应缅甸政府号召,加强与本土企业的合作,努力为当地增加就业机会。遵守缅甸劳工法律法规,规范缅籍员工聘用与管理。加强安全生产管理,保护员工在劳动过程中的安全、卫生和健康。

(5)倡导增强社会责任感、积极参与社会公益。发挥自身优势,为社会和公益事业多做实事;重视公共关系工作,积极融入当地社区,尊重当地宗教信仰;积极与媒体、民间组织进行交流合作,与当地政府、企业共同创造公平、透明、稳定的投资环境。

(6)倡导利用企业优势,积极为中缅文化交流、技术交流、民间活动提供力所能及的支持。